Forschungsberichte zur forensischen Psychologie
herausgegeben von Dr. Gustav Nass

Heft 6

Berlin 1969

Walter de Gruyter & Co.

vorm. G. J. Göschen'sche Verlagshandlung / J. Guttentag. Verlagsbuchhandlung / Georg Reimer / Karl J. Trübner / Veit & Comp.

Kinder als Täter, Opfer und Zeugen
Spätbetrüger
Resozialisierungsprobleme

Vorträge
gehalten anläßlich der Tagung
der Sektion Forensische Psychologie
des Berufsverbandes Deutscher Psychologen
am 13. und 14. September 1968 in Wiesbaden

Berlin 1969

Walter de Gruyter & Co.

vorm. G. J. Göschen'sche Verlagshandlung / J. Guttentag. Verlagsbuchhandlung / Georg Reimer / Karl J. Trübner / Veit & Comp.

Archiv-Nr. 28 45 691

Satz und Druck: Saladruck, Berlin 36

Herrn Justizminister
Dr. Johannes E. Strelitz
in Wiesbaden

mit herzlichem Dank für die Förderung
unserer Arbeit

Inhaltsverzeichnis

Einige Fälle schwerer Delikte von Kindern — Versuch einer ätiologisch-orientierten Diagnose

von *Rosemarie Jurgeit*

Mein Vorhaben, einige Fälle schwerer Delikte von Kindern zu schildern, die ich im Laufe meiner Tätigkeit in einer jugendpsychiatrischen Klinik kennenlernte, wirft verschiedene Probleme hinsichtlich der Betrachtungsweise, der Schilderung und der Einordnung oft eines ganzen Bündels von möglicherweise infrage kommenden Ursachen auf. Deshalb muß die Fallschilderung relativ breit erfolgen, damit die Tat verständlich wird und die Ursachen nicht zusammenhanglos danebenstehen.

Fall U.

Bei einem Laubeneinbruch und anderen Einbruchdiebstählen eines 11jährigen Jungen z. B. gibt es eigentlich nichts besonderes zu berichten, jedenfalls nicht bezüglich der Tat und ihrer Ausführung. Der sogenannte Sachschaden war gering. Interessant ist etwas ganz anderes: wir haben es bei diesem Jungen mit einem Ursachenbündel zu tun. Die häusliche Atmosphäre ist ungesund, der Junge hat einen organischen Hirnschaden; seine Mutter soll eine Epilepsie haben. Er ist ein uneheliches Kind. Die Großeltern, bei denen er aufwächst, machen erhebliche Erziehungsfehler. Schließlich wurde der Junge lange vor seiner Tat von einem Jugendlichen jahrelang sexuell mißbraucht.

Udo ist durchschnittlich begabt und ein lebhaftes, allerdings auch stimmungslabiles und unkonzentriertes Kind, das auf der anderen Seite aber viel Charme und ein reiches Gemüt besitzt. Die Handlung der Straftat dient Udo zur Abfuhr für seine inneren Spannungen und aufgestauten Affekte. Beim Einbruch in einen Stall muß sich der grazile Junge erheblich anstrengen, um die Dachverschalung lösen und sich von oben in den Stall hineingleiten lassen zu können. Er nimmt zwei Tauben und ein Huhn mit. Die Tauben tun ihm aber leid, und er läßt sie fliegen; das Huhn gibt er einer Polizeistreife als Fundsache ab, ohne etwa Finderlohn haben zu wollen. Ähnlich verhält er sich auch bei anderen Diebereien und Einbrüchen.

U. kam danach in eines unserer Heime und bot bald — bis auf seinen hirnorganisch bedingten Konzentrationsmangel — keine nennenswerten Erziehungsschwierigkeiten.

Als er zu Beginn der Pubertät zu den Großeltern zurückkehrte, geriet er unter den Einfluß eines älteren Jungen, begann zu bummeln und wieder zu stehlen. Dann schlug er einem Kinde brutal ins Gesicht, wobei diesem ein Zahn beschädigt wurde. Wenig später ließ er einen bissigen Hund aus dem Zwinger, der einen Passanten anfiel, wodurch es zu hohen Schadensersatzforderungen kam. Tage darauf drückte Udo eine brennende Zigarette auf dem nackten Oberschenkel eines kleinen Jungen aus. Am gleichen Tage schlug er einem anderen Jungen die Nase blutig, und so ging es fort, bis für Udo Fürsorgeerziehung angeordnet wurde. Daß es jetzt, als er erneut bei den Großeltern wohnte, bei seinen Taten zu einem relativ weitgehenden Verlust an Gemütsbeteiligung kam, was in seiner ersten kriminellen Phase vor der Heimeinweisung ja ganz anders aussah, dürfte einesteils wohl auf die stärkere Labilität in der puberalen Entwicklungsphase und die damit auch stärkere Wirksamkeit seiner hirnorganischen Störung zurückgehen, andererseits aber auch als eine Art Schutzmaßnahme gegenüber dem als stark negativer Kontrast wirkenden Milieuwechsel zu verstehen sein, den die vor allem auch im Bereich der Emotionalität und Affektivität in bezug auf das Lebensalter unausgereifte, retardierte Persönlichkeit nicht mehr ertrug, so daß U. dann bei solchen, aggressiv primitiven, entlastenden Entladungen vom Gemüt her mit einer Art „Totstellreaktion“ antwortete. Hinzu kommt noch, daß Us. Affektivität und Aggressivität wenig ausgeformt und auf einer primitiven Stufe stehengeblieben waren.

Wenn sich also mehrere bedingende Faktoren ändern, manchmal beim Fortfall nur einer Vorbedingung, ändern sich auch die Wertigkeit der übrigen Faktoren und das Bedingungsgefüge so, daß bei Wiederherstellung des äußerlich alten Zustandes insgesamt eine Basisverschiebung stattfindet, so daß man geneigt ist anzunehmen — und diese Annahme scheint auch gründlicherer Prüfung standhalten zu können — daß es bei den notwendigen Voraussetzungen, die vorhanden sein müssen, um ein Kind kriminell werden zu lassen, auch auf den Zeitpunkt des Eintretens dieser Voraussetzungen und natürlich auch auf die Dauer ihres Bestehens ankommt. Mit anderen Worten, es kann nicht gleichgültig sein, wann ein Kind etwa die Mutter verliert oder in den Einflußbereich bereits krimineller Kameraden gerät, wann sich seine seelisch-geistige oder körperliche Entwicklung merklich zu verzögern oder zu beschleunigen beginnt und so weiter. Das heißt aber auch, daß es weder den „geborenen Verbrecher“ gibt, noch — theoretisch — die Summe von bestimmten äußeren und inneren bedingenden Faktoren allein einen Verbrecher schafft, sondern jeder Täter auf seine ganz eigene, individuelle Weise zum Täter wird.

Ob sich dennoch wenigstens Risiko-Faktoren ermitteln lassen, ist zwar wahrscheinlich, aber man wird das nicht an Hand der ausgesuchten und auch nicht der mir zur Verfügung stehenden wenigen

Fälle klären können, sondern es wird eine Aufgabe gemeinsamer Bemühungen bleiben.

Fall B.

B. stammt aus einer äußerlich ganz intakten Familie und hat noch zwei Geschwister, eine um 4 Jahre ältere Schwester und einen 5 Jahre jüngeren Bruder. Das Verhältnis B.'s zu ihnen soll gut gewesen sein, bis er begann, seine ältere Schwester zu bestehlen. Diesen ersten kleinen Diebstählen wurde von allen Familienmitgliedern sehr viel Gewicht beigemessen. B. wurde abgelehnt und isoliert, dabei aber gleichzeitig streng beaufsichtigt und — was viel wichtiger war — mit entfremdendem und beschämendem Mißtrauen betrachtet.

Als Säugling und Kleinkind war B. mehrere Male für längere Zeit, angeblich wegen eines Bruches, im Krankenhaus, wo es damals auch zu schweren Ernährungsstörungen kam. Eine jüngere psychiatrisch-neurologische Untersuchung ergab dann Hinweise auf eine hirnorganische Schädigung, möglicherweise im Hirnstammbereich, ohne Beeinträchtigung der Intelligenz im engeren Sinne. Abgesehen von kürzeren Aufenthalten zu Hause kam der Junge eigentlich erst mit mehr als einem Jahr in die Familie, wo er aber praktisch nie richtig heimisch wurde. Nach den frühen kleinen Diebstählen wurde er nicht nur von den Geschwistern abgelehnt, sondern verlor auch die Achtung des Vaters. Beim Vater kam die sehr hart empfundene Enttäuschung über den so ersehnten und geliebten ersten Sohn noch hinzu, was er B. ständig fühlen ließ. Die Mutter stand ihm indifferent gegenüber. So hat ihm niemand emotionale Sicherheit geben können, die nun einmal zur Entfaltung und Pflege gemüthafter Kräfte unerläßlich ist. Falsche Erziehungsmethoden, die in der Hauptsache zwar erst als Reaktion auf sein Fehlverhalten deutlich wurden — nämlich übergroße Härte und ein Bloßstellen vor der Umgebung — haben den Jungen sehr verunsichert und damit — kompensatorisch — sein Geltungsbedürfnis stark erhöht.

B., der ein überdurchschnittlich gut begabter Junge ist, plante seine Diebstähle sorgfältig und setzte seine Intelligenz rücksichtslos für die aktuelle Situationsbewältigung ein und stellte sie in den Dienst seiner Bedürfnisbefriedigung. Nach außen hin gut angepaßt, wird diese Anpassung aber praktisch ausschließlich rational gesteuert und dient ihm zur Daseinserleichterung. Der meist überaus gefügig erscheinende Junge ist emotional nur wenig beeindruckbar. Die Eltern wollen, von Ermahnungen bis zu Schlägen, vom Ehrenwort bis zum täglichen Niederschreiben von Erziehungsregeln, wie z. B.: „Ich darf mich nicht an fremdem Eigentum vergreifen", von Güte bis zur Strenge, alles versucht haben, jedoch ohne Erfolg. B. sonderte sich mehr und mehr von der Familie ab, wollte nicht mehr gemeinsam spazierengehen u. dgl. Noch nicht 11jährig bricht er schließlich mit

Hilfe eines Nachschlüssels in einen Verkaufspavillon ein und entwendet über DM 400,—. Nach diesem Einbruchs-Diebstahl vergaß sich der Vater so, daß er dem Jungen die Hände fesselte, ihn mit einem Kabel schlug und ihm außerdem, um ihn am Weglaufen zu hindern, einen Teil der Kopfhaare schor. Durch Gerichtsbeschluß wurde dem Vater wegen dieser Mißhandlung vorübergehend das Sorgerecht für diesen Sohn genommen. B. wurde dann insgesamt acht Jahre in Heimen erzogen, jedoch ohne auch nur einen zeitweiligen Erfolg. Während all dieser Jahre beging er unzählige Diebstähle. Es wurde mit allen erdenklichen Mitteln versucht, ihn „zur Einsicht" zu bringen. Als der Heimerzieherin schließlich das Ergebnis der oben erwähnten letzten Untersuchung mit dem Hinweis bekannt wurde, daß der Junge infolge seiner org. Hirnschädigung erzieherisch vermutlich kaum beeinflußbar sei, machte sich bald eine tiefe Resignation der Erzieher gegenüber B. bemerkbar. Diebstähle wurden lediglich aufgeklärt und im übrigen sich bietende Gelegenheiten für eine Entlassung oder Verlegung dankbar aufgegriffen. Es kam dann auch im Heim zu solchen Bloßstellungen, bei denen der Junge vor der versammelten Hausgemeinschaft seine Tat bekennen mußte.

Die Eltern, die ihn zwar materiell gut versorgten, waren nicht zärtlich zu ihm. Der harte, aber auch enttäuschte und beschämte Vater lehnte ihn ab und erinnerte ihn immer wieder an die Prügel, die er damals von ihm bekommen hatte. Die ältere Schwester, ebenso hart wie ihr Vater, hat sich unbarmherzig geweigert, ihn zu besuchen, da er Schande über die Familie gebracht habe. Interessant in dem Leben dieses Jungen, der weder von seinem Tun, noch von den erzieherischen Maßnahmen beeindruckt schien, ist die erstaunliche Tatsache, daß er einen seiner Lebensbereiche über einen langen Zeitraum sozusagen völlig „sauber" hielt. Bis auf geringe Leistungsschwankungen und ein Fehlen jeglicher Anstrengungsbereitschaft bei mündlichen Arbeiten — im Gegensatz zu schriftlichen — war er ein Mittelschüler, mit dem die Lehrer zufrieden waren, und er hat sich sowohl in der Schule, als auch auf dem Schulweg nie etwas zuschulden kommen lassen. Als die erfreulichen Berichte der Schule das Heim veranlaßten, eine Entlassung ins Elternhaus zu erwägen, stellte sich heraus, daß zwar der Vater der Meinung war, den Jungen ordentlich erziehen zu können, die Mutter aber glaubte nicht die Kraft aufbringen zu können, die ständigen Spannungen zu ertragen, ob und wann von B. wieder ein schwerer Diebstahl bekannt würde. Auch die Schwester war wohl weiterhin der Ansicht, daß sie mit diesem „Makel" nicht leben wolle.

Und nun kam der Einbruch auch in den Schulbereich. B. beging innerhalb weniger Tage zahlreiche Gelddiebstähle, und zwar nahm er verschiedenen Mädchen in der Schule zwischen DM 2,— und DM 5,— aus den Mantel- oder Büchertaschen. Gleichzeitig stahl er im Heim eine größere Geldsumme der Erzieherin, zu der er bisher den besten Kontakt hatte.

Die Herausnahme aus dieser Schule wurde wegen seiner dortigen Eigentumsdelikte notwendig, und die Überweisung in ein geschlossenes Heim erfolgte hauptsächlich deshalb, weil B. — so der Rat nach der psychiatrisch-neurologischen Untersuchung und Beobachtung — jetzt männliche Erzieher brauchte, die aber in diesem Heim nicht zur Verfügung standen. Auch das geschlossene Heim war zur Zeit der Entlassung des B. nach drei Jahren der Ansicht, daß der intelligente, aber stark isolierte, fast autistische Junge zwar in seinem Streben zu lernen und sich weiterzubilden durchgehalten hat, sonst aber erzieherisch wenig zu beeinflussen gewesen ist und man ihm hätte eigentlich auch nicht helfen können. Freunde hatte B. dort und auch später nicht gefunden, und er bemühte sich auch um keine Freundschaft. Eine angefangene Buchdruckerlehre scheiterte bereits nach drei Monaten, weil B. homosexuelle Beziehungen aufgenommen haben sollte; er bestritt dies zwar hartnäckig, doch war man seitens der Lehrstelle an gutem Nachwuchs in der Buchdruckerbranche interessiert und — über sein früheres Fehlverhalten informiert — glaubte man seinen Beteuerungen nicht, sondern beendete die gerade angefangene Lehre. Die harte Arbeit in einer Zimmerei, die ihm durchaus nicht lag, hat er dann gut durchgehalten. Einer Heimentlassung stimmten die Eltern, die ihm auch weiterhin ablehnend gegenüberstanden, nur zögernd zu.

B. arbeitet jetzt seit einigen Jahren bei einer Firma, bei der er monatlich DM 500,— verdient, und geht sehr sparsam mit seinem Geld um. Er sucht auch nach der Möglichkeit einer zusätzlichen Berufsausbildung. Er begann bereits in seiner Freizeit zu Hause mit Fernkursen. Er geht kaum aus, pflegt keine Freundschaften und tarnt seine innere Einsamkeit mit Überheblichkeit und Geltungsbedürfnis.

Daß es in diesem Fall zu einer über lange Jahre ausgedehnten Kriminalität kam — wobei noch erhebliche Unsicherheit darüber besteht, ob der Junge sich weiterhin sozial eingeordnet verhalten wird — dürfte nicht in der Hauptsache und ursächlich an den ungünstigen Milieueinflüssen, den Erziehungsfehlern, liegen, wenn dies auch wesentliche Fakten sind, die seine Isolierung und die geringe Beeinflußbarkeit seines Fehlverhaltens — seiner Neigung auf Belastungen immer wieder in dieser Weise zu reagieren — entscheidend mitbeeinflußt und verstärkt haben. Hier ist anzunehmen, daß die hirnorganische Störung der Schlüssel für diese charakteropathische, kontaktgestörte Persönlichkeit ist, denn dem Jungen standen von vornherein im emotionalen Bereich, in der Gemütsansprechbarkeit und Beeindruckbarkeit nur geringe Möglichkeiten für eine Entfaltung zur Verfügung, so daß die Umwelteinflüsse zwar in starkem Maße, aber doch nur verstärkend, wirkten. Die erzieherische Formbarkeit dieses Jungen war also sehr beeinträchtigt, und die eingeschränkten

Möglichkeiten wurden von den resignierenden Erziehern praktisch auch nicht mehr wahrgenommen, so daß die nun erfolgte — scheinbare — soziale Einordnung dem Jungen dank seiner Intelligenz gelang.

Bei zwei anderen Fällen, bei denen zahlreiche Diebstähle und Einbruchdiebstähle einem gemeinsam verübten Raubüberfall vorausgingen, sieht die Tat an sich für beide Täter sehr ähnlich aus, doch sind es ganz andere Täterpersönlichkeiten, und ätiologisch betrachtet ergeben sich auch unterschiedliche Gesichtspunkte.

Fall H.

Bei H., einem überdurchschnittlich bis sehr gut begabten Jungen, als H. 2 Jahre alt war, gab ihm jedoch seinen Namen, und so wuchs einbrüchen, bei denen er hauptsächlich Geld, aber auch bewegliche Dinge wie Kofferradios, Fotoapparate, Armbanduhren und dergleichen entwendete. Der Junge begann 13jährig, also noch strafunmündig, mit diesen Einbrüchen, nach denen er weder den bestürzten Eltern, noch sonst jemandem Gründe für sein Tun nennen konnte. Später meinte er: „Es ist so über mich gekommen" und damit dürfte er der Wahrheit sehr nahe gewesen sein.

H. ist unehelich geboren. Sein Stiefvater, den die Mutter heiratete, als H. 2 Jahre alt war, gab ihm jedoch seinen Namen, und so wuchs das Kind in dem Glauben auf, daß dies sein leiblicher Vater sei. Er hat noch zwei fünf und sieben Jahre jüngere Halbschwestern. Die frühkindliche Entwicklung des leptosom-athletischen Jungen verlief unauffällig. In der Schule führte er sich einige Jahre ordentlich, so daß auch von dort zunächst keine Klagen kamen. Später fiel bei dem verschlossenen, zu depressiven Vestimmungen neigenden und vom Temperament her etwas viskösen Jungen eine Interesselosigkeit auf, und seine Leistungen sanken erheblich; doch konnte H. jedesmal — wenn auch im 6. und 7. Schuljahr nur knapp — versetzt werden. In diese Zeit fielen seine Straftaten.

Als H. 14 Jahre alt war, wurde er wegen seiner Delikte — er hatte innerhalb weniger Monate mindestens 16 Wohnungseinbrüche, bei denen er Geld oder sonstige Sachen entwendete, begangen — zunächst in Untersuchungshaft genommen. Besonders das Jugendamt hat sich zur Abwendung bzw. raschen Beendigung der Untersuchungshaft sehr eingesetzt und Erziehungsmaßnahmen vorgeschlagen. Es wurde, nachdem er seine Straftaten zugegeben hatte, vom Amtsgericht Fürsorgeerziehung angeordnet. H. kam direkt aus der Untersuchungshaft ins Heim.

Der Junge, der von der Haft noch sehr beeindruckt schien, paßte sich zunächst übergefügig an. Seine Leistungsbereitschaft war dagegen gering, jedenfalls wenn praktische Arbeiten gefordert waren. In die Gruppengemeinschaft wuchs er schwer hinein. Seine Zurückhaltung einerseits und andererseits die Sicherheit, wenn er — meist ungefragt —

seine Meinung äußerte, trugen ihm Anfeindungen und Hänseleien ein. Auch war er kaum an gemeinschaftlichen Spielen oder Unternehmungen interessiert und verbrachte seine Freizeit lieber lesend, ohne seinen Kameraden allerdings ablehnend gegenüber zu stehen. Seine Schulleistungen besserten sich in der Zeit seines Heimaufenthaltes wesentlich (von knapp ausreichend bis knapp gut im Durchschnitt), wenn er auch nie mehr tat, als erforderlich war. H. verließ mit einem guten Zeugnis und einem Volksschulabschluß die Schule. Im Heim hielt er zum Elternhaus einen auffallend guten Kontakt und schrieb oft, ohne je ermahnt werden zu müssen. Das Bemühen des Heims um diesen Jungen kann als erfolgreich bezeichnet werden, obwohl es noch zu zwei größeren Straftaten kam. Der anfangs sehr verschlossene Junge, dessen depressiv getönte Grundstimmung schon früher den Eltern auffiel und auch im Heim deutlich wurde, dessen Unberechenbarkeit und unduldsame, starre Haltung, dessen aggressive Ausbrüche, vor allem auch männlichen Erziehern gegenüber, viel Sorgen bereiteten, lockerte sich allmählich auf, und H. wurde zugänglicher. Manchmal wirkte er dann allerdings etwas fanatisch, wenn es — eben aber nur selten — zu eingehenden Gesprächen kam.

Bereits zu der Zeit, als seine ersten Straftaten bekannt wurden, erfolgte eine Vorstellung in der Erziehungsberatung. Die Mutter wurde damals nach Abschluß der psychologischen Untersuchung gebeten, ihren Sohn über die Familienverhältnisse zu unterrichten, d. h. über seine Unehelichkeit mit ihm zu sprechen, da vermutet wurde, daß der Junge darüber wahrscheinlich schon mehr wußte, als die Mutter ahnte. Es wurden ihr auch Hilfen für ein solches Gespräch gegeben. Die Mutter konnte sich jedoch lange Zeit nicht zu einem solchen Gespräch entschließen, das dann erst im Weihnachtsurlaub stattfand, als er — fast 15jährig — kurz vor der Entlassung aus Schule und Heim stand. H. habe ihr auf ihre Eröffnung auch nur — ganz blaß geworden — gesagt: „Das wußte ich."

Die oben erwähnten, im Heim noch begangenen beiden Straftaten erfolgten bald danach: Ein Wohnungseinbruch im Januar, bei dem er nach „bewährtem Muster" die Wohnungstür mit der Schulter eindrückte und Bargeld und ein Transistorradio entwendete, und Anfang Februar ein dreister Raubüberfall auf offener Straße, den er zusammen mit einem anderen Jungen des Heims ausführte, von dem noch berichtet wird.

Zu diesem Raubüberfall, wobei die Jungen einer Frau die Handtasche entrissen, wäre es bei H. vermutlich nie gekommen, wenn der andere Junge ihn nicht dazu überredet hätte, auf diese Weise — und nicht durch einen Wohnungseinbruch — sich Geld zu beschaffen. Während sein Kamerad nach diesem Raubüberfall schockiert und entsetzt über sich selbst war, reagierte H. ganz anders. Er war über die heftigen Vorwürfe seiner Erzieher und über ihre Erklärung, daß damit der Tatbestand des Raubüberfalls gegeben sei, ganz verdutzt und natürlich auch erschrocken und meinte daraufhin: „Ich dachte, das ist nicht 'mal so schlimm wie Diebstahl."

Das hat nichts mit seiner Intelligenz zu tun — die Einsicht kam auch später — sondern ist bezeichnend dafür, daß der Junge zu solch gewaltsamer Entladung und Entlastung gar nicht mehr drängte, auch zu dieser Art der Handlung innerlich keinen Bezug hatte, und eigentlich — wie sich später zeigte — schon auf dem Wege war, diese besondere Krise seiner Pubertät zu überwinden und sich zu beruhigen.

Zwar kann nie mit Sicherheit vorausgesagt werden, ob das eine endgültige Überwindung bedeutet, doch dürften in diesem Falle das Gericht ähnliche Gedanken bewogen haben, als es nach der Schuldfeststellung die Entscheidung über die Verhängung einer Jungendstrafe zur Bewährung aussetzte. Es dürfte zumindest sehr zweifelhaft gewesen sein, ob H. — der ja noch recht ungefestigt war — damals schon einen Freiheitsentzug akzeptiert (d. h. als gerechte Strafe und Sühne anerkannt) hätte.

Inzwischen ist H. zu Hause und untersteht einem Bewährungshelfer. Die Fürsorgeerziehung ist natürlich noch nicht aufgehoben. Er hat sich dann plötzlich zu einer kaufmännischen Lehre entschlossen und möchte nun Einzelhandelskaufmann in der Möbelbranche werden, nachdem er jahrelang und hartnäckig den Wunsch geäußert hatte, Polizeibeamter werden zu wollen, da gar kein anderer Beruf für ihn in Frage käme. Darauf hingewiesen, daß seine Straftaten es ihm sicher schwer machen würden, dieses Berufsziel zu erreichen, und daß er vielleicht lieber noch eine Handelsschule besuchen sollte, gab er an, diese Schwierigkeiten auch zu sehen, wollte sich aber zu nichts anderem entschließen. Das Ausweichen in die Möbelbranche zeigt deutlich, daß er zwar einiges verarbeitet hat, daß aber die zu späte Unterrichtung des Sohnes über die Familienverhältnisse seitens der Mutter ein entscheidender Fehler gewesen ist, so daß er offenbar immer noch nach einer Beziehung und einer Beschäftigung mit dem engsten Lebensbereich, dem intimen Lebensraum, sucht, zu dessen Sicherheit ihm das Vertrauen genommen wurde.

Hier sehen wir, daß zu dem Zeitpunkt, als der Junge durch den Eintritt in die Pubertät ohnehin schon beunruhigt war und auch in der Schule merklich nachließ, durch die Mitteilung seiner Unehelichkeit von außen — ob dies durch Nachbarn oder andere Personen geschehen ist, wurde nicht ermittelt — eine schwere Vertrauenskrise entstand, und es wird verständlich, warum dieser Junge zu dieser Zeit und gerade auf diese Weise kriminell wurde.

Fall R.

Bei dem folgenden Fall handelt es sich um einen Jungen, bei dem vor allem frühe disponierende Faktoren und die Verlaufsform der

Entwicklung in ursächlichem Zusammenhang mit dem bis jetzt negativen Ergebnis aller Bemühungen um diesen Jungen stehen.

Die Tatsache der Wechselwirkung von inneren und äußeren Bedingungen und Impulsen und dabei möglichen Verschiebungen der Wertigkeit einzelner — hier die Kriminalität bedingender — Faktoren, ist bekannt. Hier kommt aber ein eigenartiges Zusammentreffen von Ereignissen hinzu, das nicht zuletzt deshalb zustande kam, weil äußere Bedingungen bei gerade so gearteten betreuenden Persönlichkeiten zu Reaktionsformen führten, die allem guten Willen zum Trotz den Jungen nicht „nur" in die Kriminalität, sondern auch zur Gewalttätigkeit trieben.

R. ist ehelich geboren. Er hat noch eine um vier Jahre jüngere Schwester und eine etwas ältere Halbschwester, die bereits vor seiner Geburt in eine Adoptionsstelle vermittelt wurde. Diese uneheliche Tochter der Mutter des R. ist von den Eltern schwer mißhandelt worden, weshalb die Eltern beide vor R.'s Geburt Freiheitsstrafen verbüßten. Die ehelichen Kinder, also unser R. und seine Schwester, sollen dann aber mit Sorgfalt aufgezogen worden sein.

Seine Erziehungsschwierigkeiten begannen etwa zur Zeit der Einschulung. Durch Dorfgeschwätz wurde er mit den früheren Verfehlungen seiner Eltern konfrontiert, und man rief ihm nach: „Du Zuchthäusler! Deine Eltern waren ja auch im Zuchthaus!" R., der sehr an seiner Familie hing, verteidigte seine Eltern, und dies um so mehr, als die Zweifel an der Lauterkeit seiner Eltern wuchsen. Je mehr man aber den Jungen bestrafte, um so mehr häuften sich Prügeleien und Diebstähle, bis in der Schule ein regelrechter Wachdienst eingerichtet werden mußte. Nicht etwa wegen schlechter Leistungen, sondern wegen dieses Verhaltens wurde R. dann auch nicht in die 4. Klasse versetzt.

Als er fast 10 Jahre alt war, hatte er einer Untermieterin, die wie viele Dorfbewohner mit der Familie verfeindet war, eine Mostflasche ausgetrunken. Obwohl die Mutter diese Angelegenheit regeln wollte, erstattete die Untermieterin Anzeige, und R. kam das erste Mal mit der Polizei in Berührung. Nun stand er in der Öffentlichkeit als „Verbrecher" da und verhielt sich in der Folgezeit entsprechend.

Schließlich kam er, 11jährig, zur Untersuchung in eine jugendpsychiatrische Klinik, aus deren Befund hervorgeht, daß er ein durchschnittlich begabter, sonst gesunder und altersgemäß entwickelter Junge ist, dessen Verhaltensschwierigkeiten auf die Feindseligkeiten der Umwelt zurückzuführen sind, wobei seine Diebereien aus einer gewissen Schädigungsabsicht erfolgten, nämlich diejenigen zu schädigen, die das Bild seiner Eltern trübten. Er befand sich damals ständig in einem Zustand der Spannung zwischen Angriff und Verteidigung. Hinter einer formal-konventionellen Anpassung ließen sich Stauungen von Impulsen erkennen, die nach Entfaltung und Aggression drängten, aber auch starke kaptative Tendenzen beinhalteten. R. verteidigte zwar nach außen hin seine Eltern, aber er war doch von Zweifeln und Ängsten erfüllt, die er allerdings nicht wahrhaben wollte. Hinzu kam, daß er auch noch nicht einmal seiner Familie gegenüber — mit Ausnahme seiner kleinen Schwester allerdings — in der Lage war, tragfeste Gefühlsbeziehungen zu entwickeln. Der stark isolierte, von Zweifeln, Ängsten, Rachegefühlen und Aggressionswünschen Getriebene, der in dem Ruf eines potentiellen Zuchthäuslers stand, verhielt sich also in steigendem Maße diesem Ruf entsprechend, immer in dem Glauben, er müsse so die Ehre seiner Familie verteidigen. Außer seinen Eltern, so meinte er damals, schätze er nur noch seinen Schulrektor. Es stellte sich heraus, daß diese Sympathie auf einem einzigen Vorfall beruhte, daß der Rektor ihn nämlich einmal nicht, wie der Junge erwartete, gescholten hatte, sondern in Schutz nahm.

Durch weitere Strafen, Benachteiligungen usw. — warnt das Gutachten — würden sich seine Verhaltensstörungen vermutlich verstärken; er brauche vielmehr Vertrauen, Bestätigung und Ermutigung. Heimerziehung in einem heilpädagogischen Heim wurde vorgeschlagen, auch wenn es gegen den Willen der Eltern geschehen müsse.

Im Heim begannen nach anfänglich unauffälligem Verhalten die alten Schwierigkeiten erneut; es kam auch zu immer größeren Diebstählen außerhalb des Heimes, wenn er entlief. Es gab praktisch kaum Gelegenheiten, den Jungen zu ermutigen oder zu bestätigen. Durch sein Verhalten forderte er seine Erzieher zu immer strengeren Maßnahmen heraus, bis schließlich eine ständige und sorgfältige Beaufsichtigung, die ihm jede Möglichkeit für ein Fehlverhalten nahm, zu einem — allerdings nur scheinbaren — Erfolg führte.

Ein Erzieherwechsel warf ihn dann aber wieder ganz aus der Bahn.

Als R. 13 Jahre alt war, trat durch einen Heimleiterwechsel eine völlige Umstellung der Erziehung ein. Der Junge wurde ernst genommen, und man ging mit der selbstverständlichen Erwartung an ihn heran, daß er ordentlich, ehrlich und höflich sei. R. stellte sich auch relativ rasch um. Während 10 Monaten entwich er zu Anfang ein einziges Mal; aber er stahl nicht mhr. Die positive Phase, die nun folgte, dauerte auch an, als der beurlaubte Heimleiter zurückkehrte, und wurde erst wieder unterbrochen, als durch einen Entlassungsantrag des Vaters, dem nicht entsprochen werden konnte, die Zusammenarbeit mit dem Vater scheiterte und dieser sich gemeinsam mit seinem Sohn gegen das Heim stellte.

R. entlief nun wieder häufig, und seine Diebereien wurden immer raffinierter.

Nach Freizeitarresten für 2 Fahrraddiebstähle zeigte er, der vorher wenigstens stets Besserung versprach, keine Einsicht mehr, sondern kündigte an, daß er immer wieder weglaufen werde.

Zu dieser Zeit versuchte der Heimleiter, ihm nochmals eine Chance zu geben und ihm Mut zu machen, indem er ihn verpflichtete, jeden Nachmittag bei ihm zu erscheinen und sich schriftlich Gedanken über sein Tun zu machen. — Man darf diese Maßnahme nicht falsch verstehen. Das durch keinen Zaun abgegrenzte offene Heim machte es R. in gewisser Weise schwer, nicht wegzulaufen. So aber waren ihm die Möglichkeiten hierzu genommen, und er und seine Erzieher konnten einen „Erfolg" seiner Bemühungen verbuchen.

R. fand aber andere Gelegenheiten zu entweichen. Seine Diebstähle während dieser Zeit waren alle gut vorbereitet. Nachdem er mehrere Male durch die Polizei aufgegriffen wurde, bevor er das Ziel seiner Ausflüge erreichte, plante er schließlich, zusammen mit H., über den bereits berichtet wurde, sich eine größere Geldsumme durch einen Wohnungseinbruch zu verschaffen, um mit der Bahn weit wegfahren zu können. Bezeichnenderweise gab er an, daß er zum Kölner Karneval gewollt habe. Der Wohnungseinbruch schien R. jedoch zu gefährlich zu sein, weil, wie er meinte, am Sonntag Vormittag alle Leute zu Hause seien. So beschloß er, — und überzeugte auch seinen Kameraden davon, daß es „besser" sei — einer Frau auf der Straße die Handtasche zu entreißen. Dieses Vorhaben führte der 14jährige dann auch wenig später am hellichten Vormittag aus. Überraschend, aber auch wichtig ist hier, daß der vom Gemüt her zwar weiche, gefühlsmäßig jedoch nicht sehr belastbare und zu panikartigen, aggressiv-explosiven Ausbrüchen bei gleichzeitig weitgehendem Verlust der Gemütsbeteiligung neigende Junge bei dieser Tat alle bei ihm bisher gewohnte Vorsicht und Stille, Heimlichkeit und Raffinesse vermissen ließ, und nach einer Phase, in der er Delikte sorgfältig plante und vorbereitete, nun plötzlich unüberlegt und unvorsichtig mit ungewöhnlicher Dreistigkeit vorging.

Zumindest zeitlich besteht auch eine Verbindung zu dem Beginn einer Freundschaft des R. mit einem Mädchen. Hierin kann aber nicht nur die Begründung für seinen größeren Freiheitsdurst gesehen werden, sondern auch die für den unerwarteten Mut, für den Wechsel von Aufsässigkeit und Stolz, Vorsicht und Unüberlegtheit, für sein Verschließen und Entziehen und für die zeitweise Anpassung in seinem Verhalten.

Was geschah nun nach der Tat? Passanten jagten ihn auf der Straße, überwältigten den flüchtigen und sich wehrenden Täter und übergaben ihn der Polizei. Im Heim wurde er zunächst in einem verschlossenen Raum untergebracht und kam dann zwei Tage später in ein Landesjugendheim. Was aber bewirkte die Erfahrung, die R. bei dieser Tat machte? Das Erlebnis der Tat halte ich, zumindest als

Primär-Erfahrung, für außerordentlich gravierend, aber auch für einen der größten Unsicherheitsfaktoren — relativ unabhängig davon, ob die Tat „glückt" oder nicht. R. schrieb einen Brief an die beiden Menschen im Heim, die sich in letzter Zeit am meisten um ihn bemüht hatten, seine Auflehnung aber auch am stärksten herausgefordert hatten. Dieser Brief ist mit einer für den Jungen ungewöhnlichen Sorgfalt geschrieben und außerdem mit einer Zeichnung versehen, die einen breiten, sich später gabelnden Weg darstellt. Dieser Weg ist als „Straße der Menschheit" bezeichnet; der links abzweigende falsche Weg besitzt im ersten Drittel einen Magneten und führt zu einem Gefängnis mit vergittertem Fenster. Der „rechte Weg" führt zu einem Tor der „Herrlichkeit". R. stellt sich als „Strichmänneken" auf dieser Zeichnung dreimal dar: am Anfang der „Straße der Menschheit", dann an der Weggabelung, wo er durch Pfeile eindrucksvoll die Schwierigkeit darstellt, von dem Magneten auf dem falschen Wege nicht angezogen zu werden, und schließlich zum dritten Male ein Stückchen aufwärts auf dem rechten Weg. Daneben schreibt er: „Der richtige Weg ab heute." Der Brief sei wörtlich wiedergegeben, weil er so deutlich den Eindruck vermittelt, unter dem der Junge wenige Stunden nach der Tat stand:

„Für Herrn M. und für Herrn P. Ich will heute neu anfangen. Heute am 5. 2. will ich damit beginnen. Ich bitte, glaubt mir. Ich habe jetzt den Mut, durch alles hindurchzugehen. Ab heute will ich ein ordentlicher Junge werden, der auf die Erzieher hört. Verzeihen Sie mir beide bitte. Ich will niemanden mehr von allen Erziehern täuschen. Ihr habt es immer getan, ich habe nie darauf geachtet. Aber heute tue ichs. Helft mir ab heute. Ich will gehorchen und machen was Sie wollen. Ich will später nicht hinter Mauern sitzen. Ich habe mir meine Dummheiten überlegt. Ab heute will ich keinen Fehltritt mehr machen. Ich will auf dem besten Wege ein ordentlicher Junge werden. Glauben Sie mir bitte, bitte, bitte." Trotz dieser Versicherungen — und von R. aus gesehen muß es wahrscheinlich heißen, nachdem er erstmalig wirklich ernsthaft an Besserung dachte und vor sich und seiner Tat, die wie ein Schock wirkte, erschrak, wurde ihm die Hilfe versagt, um die er gebeten hatte. D. h. in diesem Falle zweierlei:

1. Der Raubüberfall ist für ihn Erfüllung seines vorausgesagten Schicksals und zugleich Abschluß einer ersten Verarbeitungsphase. Daß dies zu dieser Zeit geschieht bzw. geschehen kann, liegt z. T. sicher auch an den in der Pubertät erwachenden expansiven und aggressiven Kräften.

2. Die bereits lange zuvor benötigte Hilfe lehnte er — aus welchen Gründen auch immer — ab, bis diese Tat aus einem „Kranken" einen „Patienten" machte, jemanden also, bei dem Leidensdruck *und* Vertrauen den Weg zum Arzt diktieren. Diese Einstellung bzw. Umstellung des Jungen ist bedeutsam, denn das heißt, daß er, der von

der Gesellschaft ausgesondert wurde und sich selbst auch immer weiter von ihr entfernte, den z. T. trotzig erkämpften Außenseiterstandpunkt aufgab

Es wird erst die Zukunft erweisen, ob unsere Befürchtungen sich als unbegründet herausstellen, daß die Maßnahme der Verlegung des Jungen zu diesem Zeitpunkt von ihm als erneute Bestätigung für die Feindseligkeit seiner Umwelt verstanden wurde.

Fall M.

Aus äußerst ungünstigen häuslichen Verhältnissen stammt M. Er ist der älteste von insgesamt 10 lebenden Geschwistern, und seine Mutter erwartet ihr 13. Kind. Der Vater ist Analphabet, 1934 geboren und gehört einer weit verzweigten, übelbeleumdeten Familie an. Er ist unberechenbar in seinem Zorn, neigt zu Gewalttätigkeiten und hat bereits neun Vorstrafen, darunter Körperverletzung und schweren Diebstahl. Schon vor seiner Heirat hat er Gefängnisstrafen verbüßt. Ein für den Vater damals angefertigtes Gutachten bringt zum Ausdruck, daß ihm, wäre er seinerzeit schon erwachsen gewesen, § 51, 2 zugestanden worden wäre. Er wird als imbezill beschrieben. Die Mutter, 1938 geboren, heiratete mit 17 Jahren und hat seitdem zwölf Kinder, etwa jedes Jahr eins, geboren. Sie ist klein, zart, ruhig und freundlich, sieht aber mit ihren 30 Jahren wie eine 50jährige aus. Sie ist ärmlich, ungepflegt und unordentlich gekleidet und wirkt neben ihrem Mann hilflos, ängstlich und verschüchtert. Die Eltern M.'s, die kurz vor seiner Geburt heirateten, ließen sich 1963 scheiden, heirateten aber 1965 wieder. 1962 bat die Mutter das Jugendamt um Hilfe, weil seit einem Jahr die geschiedene Frau P. sich in ihrer Familie aufhalte, über deren fünf Kinder das Jugendamt Sorgerechtspfleger sei. M.'s Vater ist der Erzeuger des ältesten dieser fünf Kinder der Frau P. und hat mit ihr inzwischen 4 weitere Kinder. Seine Mutter war ganz verzweifelt, weil ihr Mann verlangte, daß sie mit dieser Frau das Schlafzimmer teile und sie bereits wiederholt heftig geschlagen habe, wenn sie sich geweigert hat. Es fänden andauernd turbulente Szenen statt.

Da ihr Mann immer wieder drohte, ihr das Leben zu nehmen, sie also zu töten, weil sie das Jugendamt eingeschaltet habe, wurde Antrag auf eine amtsärztliche Untersuchung ihres Mannes gestellt, denn bei seinen Wutausbrüchen und seinem Jähzorn sei das Schlimmste zu befürchten. Auch bei einer Rücksprache im Jugendamt wollte der Mann tätlich werden. Wegen des unerträglichen Lebens mit ihrem Mann machte die Mutter bereits einen Suicidversuch.

Die Bemühungen des Jugendamtes, diese Frau P. aus dem Hause zu entfernen, hatten aber praktisch keinen oder nur einen sehr kurzzeitigen Erfolg. Der Vater ist arbeitsscheu und wurde trotz Arbeitskräftemangels entlassen. Aus der Gegend, aus der der Vater stammt, wurde dann dem Jugendamt mitgeteilt, daß die Mutter betteln ginge und die Erziehung ihrer Kinder der Frau P. überließe, der das Sorgerecht über ihre eigenen Kinder genommen war. Die Polizei hatte seine Mutter danach beim Hausieren ertappt.

M. ist ein durchschnittlich begabter, aber hirnorganisch vorgeschädigter Junge, dessen Hirnschaden sich in starken Konzentrationsstörungen, erhöhter Reizbarkeit und ungenügender Steuerungsfähigkeit seiner Affekte auswirkt. Er ist Sonderschüler und zeigte trotz seiner durchschnittlichen Begabung keine entsprechenden schulischen Leistungen, die durch Ein- und Umstellschwierigkeiten beim Lösen von Aufgaben, durch seinen Konzentrationsmangel und durch eine ausweichende Arbeitshaltung, sowie durch mangelnde Bildungspflege in der Familie beeinträchtigt wurden. Der geistig und seelisch retardierte Junge, der zu reizbaren Verstimmungszuständen und explosiven Ausbrüchen neigt, ist aber über das Gemüt durchaus ansprechbar. Bei einer behutsamen und bestätigenden pädagogischen Führung könnten die ängstlichen Spannungen und die Abwehr des Jungen gemindert werden. Bei dem bereits auch geistig stark verwahrlosten und sittlich gefährdeten Jungen ist dennoch zu erwarten, daß unter geschickten pädagogischen Hilfen bei intensiver schulischer Nachhilfe die Persönlichkeitsentwicklung positiv verläuft und auch die schulischen Lücken verringert werden.

1967 ist M. bereits dadurch aufgefallen, daß er einen 6jährigen Jungen mit einem Messer bedrohte und ihn hierdurch zwang sich zu entkleiden. Die Kleidungsstücke zerschnitt er mit seinem Messer. Im Frühjahr dieses Jahres hat der 12jährige M. einen 5jährigen Jungen zu einem Lagerplatz gelockt, ihn bis auf Hemd und Pullover entkleidet, ihn mit den Hosenträgern an Hals und Füßen gefesselt, ihn zu oral-genitalen Unzuchtshandlungen an sich gezwungen, ihn dann mißhandelt und in den Toilettenkasten eines dort vorhandenen Toilettenhäuschens geworfen und eingesperrt.

Der 5jährige wurde erst 16 Stunden später unterkühlt und so gefesselt in hockender Stellung aufgefunden. Die kreisrunde Öffnung des Toilettenkastens war mit schweren Holzstücken und Steinen verstopft. Gesicht und Körper des kleinen Jungen wiesen Spuren von Mißhandlungen auf. Durch die Beschreibung des Fünfjährigen konnte M. als Täter ermittelt werden. Er gab bei seiner Vernehmung durch die Kriminalpolizei zu, mit dem Jungen so verfahren zu sein. Er habe aber die Absicht gehabt, den Jungen am nächsten Tage zu befreien. M. kam auf Anordnung des Amtsgerichtes zur Beobachtung in unsere Jugendpsychiatrische Klinik. Hier war er zunächst sehr zurückhaltend, sagte aber zu dem, was er getan hatte, daß dies alle Kinder auf dem Hof machten, wo er wohnt. Aus dem, was er schilderte, war zu entnehmen, daß er dort und in der Familie vieles gesehen und erlebt hatte, was ihn in dieser Richtung angeregt haben mochte.

Vom Vater wurde M. einerseits sehr verwöhnt, andererseits wohl oft durch seine plötzlichen Wutanfälle erschreckt. Er liebt und fürchtet, bewundert und verachtet ihn zugleich. Immer aber imponiert ihm die Macht, die der Vater infolge seiner Brutalität hat. Er war auch der Meinung, man brauche nichts zu lernen und begründete es: „Mein Vater kann auch nicht schreiben.“ Erst nachdem er erfahren hatte, daß der von ihm mißhandelte Junge nicht mehr im Krankenhaus und wieder zu Hause sei, lockerte er sich auf. Er kam ganz glücklich zu mir, erzählte es erleichtert und fügte hinzu, daß die Nacht, in der dieser Junge von ihm eingesperrt war, die schlimmste seines Lebens gewesen sei, und er habe um den Kleinen furchtbare Angst ausgestanden. Bei der großen Suchaktion nach K. habe er nicht gewußt, was er habe hoffen sollen — daß der Junge gefunden und alles bekannt würde, oder ob er lieber nicht entdeckt werden solle. Bezeichnend für M. ist schließlich, daß er den Wunsch hatte, seine Tat irgendwie wieder gutzumachen; aber sein Sühnevorschlag ist erschütternd und zeigt deutlich, in welch verhängnisvoller Weise sich die Erziehung durch Familie und Milieu auf das sittliche Empfinden des Kindes auswirkte: „Ich könnte doch zu einem Obstladen gehen“, schlug er eifrig und ernsthaft vor, „und dort 'was Obst klauen. Und das geb' ich dann nicht meinen Freunden, sondern bring' es zu dem Obstmann zurück und sage, daß ich's geklaut hab'. Dann werd' ich bestraft und hab' gar nichts davon, und die Jungs verachten mich auch und sagen, ich bin doof, und da könnte ich es so wieder ein bißchen gutmachen.“

Bereits in der Klinik zeigten sich brauchbare Ansätze für eine Erziehungsfähigkeit dieses Jungen. Er begann zuletzt fleißig Schreiben und Lesen zu lernen. Sozusagen „warm“ geworden, zeigte er aber auch, daß er das gesamte Repertoire eines Verwahrlosten beherrschte. Mit allmählich zunehmendem Vertrauen in die Erwachsenen war er jedoch lenkbarer geworden. — Er ist jetzt in einem Heim, und wir hoffen, daß die Bemühungen um ihn Erfolg haben und seine Fehleinstellungen doch noch soweit korrigiert werden können, daß er sich sozial einordnet.

Fall W.

Auch das Elternhaus des W. ist nicht geeignet, dem Jungen eine gute Erziehung zu geben. Der Vater verbüßte 1955, 1959 und 1960 Gefängnisstrafen wegen versuchter Notzucht und 1956 wegen Unzucht mit einem Kinde eine längere Zuchthausstrafe. Die Mutter, die auch erst 17 Jahre alt war, als sie heiratete, war nach den ersten beiden rasch aufeinander folgenden Geburten und wegen ihrer Unerfahrenheit im Haushalt völlig überfordert. Zudem mußte ihr Mann kurze Zeit nach der im Herbst 1954 erfolgten Geburt ihres ältesten Sohnes W. ins Gefängnis, was den sozialen Status auch nicht gerade anhob. Fürsorgerinnen eines Staatlichen Gesundheitsamtes betreuten die Familie 1954. Nach den Berichten der Fürsorgerinnen wirkte die damalige Wohnung der Familie bei Besuchen stets sehr verschmutzt. Die Kinder waren ungepflegt, und die Vermieterin klagte darüber, daß sie von den Kindern mit unanständigen Worten beschimpft werde. Auf Hinweise und Ratschläge reagierte die Mutter frech, anmaßend und patzig. Sie wurde als unintelligent und uneinsichtig beschrieben. Die Mutter fand jedesmal Entschuldigungen für ihre Kinder und stellte sich schützend besonders vor ihren ältesten Sohn. Als W. 10 Jahre alt war, schwebte ein Verfahren beim Amtsgericht wegen der Anordnung der Fürsorgeerziehung für ihn, weil ihm vorgeworfen wurde, daß er einem 9jährigen Jungen auf dem Schulweg die Hose heruntergezogen und ihn zur Päderastie aufgefordert habe.

Der bei seiner Einschulung um ein Jahr zurückgestellte Junge war im 2. und 3. Schuljahr sitzengeblieben und wurde im 4. Schuljahr nur aus Altersgründen versetzt. Die Bemühungen, ihn zu Ostern 1964 in eine Sonderschule umzuschulen, scheiterten an der Ablehnung des Vaters. Von der Schule wird der Junge in seinem Verhalten nicht ganz eindeutig beurteilt. Einerseits wird er als unterdurchschnittlich begabt, langsam und schwerfällig im Auffassen und Wiedergeben, aber als ein normaler, verträglicher, freundlicher und hilfsbereiter Junge beschrieben. In einer anderen Schulbeurteilung heißt es zwar auch, daß W. den Wissensstoff nicht verarbeiten kann, doch will man beobachtet haben, daß er sich besonders roh und gefühllos gegenüber jüngeren Schulkameraden zeigte, die er nach Angabe der Lehrerin bedrohte, er werde sie mit dem Messer erstechen. Im August 1967 hat W. einen 7jährigen Jungen derart heftig geschlagen, daß dieser ärztliche Hilfe brauchte. Schon im Spätsommer 1967 sprach er in einem Waldstück ein etwa gleichaltriges Mädchen an, warf es zu Boden und rang mit ihm. Das Mädchen setzte sich heftig zur Wehr und konnte weglaufen. Wenige Tage später traf W. dieses Mädchen in Begleitung seiner Schwester, einer Freundin und deren Bruder wieder, als die Kinder durch ein Waldstück zu einer Wiese gehen wollten. Plötzlich kamen hinter einem Sandhügel W. und dessen Bruder hervor, wobei W. seinem Bruder zurief, er solle auf die anderen aufpassen. Er selbst warf das Mädchen zu Boden und stürzte sich auf es. Diesmal gelang es ihm aber nicht, es wie das erste Mal zu berühren. Das Mädchen lief zu W.'s Eltern und erzählte ihnen von dem Vorfall. Der Vater ging dann mit einem Stock seinen Sohn suchen. Im Herbst 1967 hatte er auf dem Heimweg von der Schule in der Nähe eines Bauernhofes einem 8jährigen Mädchen ein Bein gestellt, so daß es hinfiel. Er kniete neben dem Mädchen nieder, berührte es manuell, küßte es und sagte, daß er es später heiraten und ihm Geld geben wolle, wenn er groß sei. Im Dezember 1967 fiel er dieses Mädchen auf dem Heimweg von der Schule erneut an und hörte auch nicht auf die Bitten, dies nicht zu tun, sondern ließ erst von ihm ab, als andere Kinder näher kamen. Die Mutter des Mädchens ging zu den Eltern des Jungen und stellte diese wegen W.'s Verhalten zur Rede. W.'s Mutter bestritt den Vorfall aber und beschimpfte die Frau, obwohl ihr Sohn sich noch gar nicht geäußert hatte. Vor Gericht erklärt seine Mutter, sie glaube, daß die Zeuginnen in ihren Aussagen übertrieben hätten. Sie sagt aber auch, daß ihr Mann ihn in beiden Fällen verprügelt habe.

Der Vater war auf die Vorladung des Gerichts nicht erschienen. Die Mutter erklärte jedoch, daß auch er mit der Anordnung der Fürsorgeerziehung für W. einverstanden sei. Fürsorgeerziehung sei hier auch geboten, meinte das Gericht. Das mehrmalige gewaltsame Vorgehen gegen die beiden Schülerinnen lasse auf einen starken Hang zu gewaltsamen Übergriffen aus Geschlechtslust schließen, und seine Gewalttätigkeiten könnten mit zunehmendem Alter noch gefährlichere Formen annehmen. Es wurde auch bezweifelt, ob die Eltern die erforderliche Einsicht zur wirksamen Bekämpfung des gefährlichen Hanges ihres Sohnes hätten. Da seine Mutter darauf hingewiesen hatte, daß der Sohn einmal mit einem Elektroweidezaun in Berührung gekommen und danach 6 Stunden bewußtlos gewesen sei, und daß er dann während der nächsten zwei Jahre jeden Morgen an Krämpfen gelitten habe, kam W. in unsere Jugendpsychiatrische Klinik.

Die psychologische Untersuchung ergab dann, daß seine intellektuelle Begabung unter dem Durchschnitt liegt, daß er im emotionalen Bereich relativ undifferenziert, seine Affekte nur ungenügend zu steuern in der Lage ist und auch eine Neigung zu Affektstauungen und affektiven Durchbrüchen besteht. Auffällig waren besonders tiefgreifende Kontaktstörungen, die ihren Ausdruck sowohl in einem Mangel an Fähigkeiten zum Miterleben und Einfühlen, als auch in der Unberechenbarkeit seiner affektiven und geistigen Haltung fanden. Depressive Verstimmungen bei einer aggressiv-oppositionellen Grundhaltung schränken seine Anpassungsfähigkeiten ein. Disponierend wirkt die epileptoide Persönlichkeitsstruktur des Jungen, doch dürfte vor allem der Mangel an Entfaltung und Pflege des Gemüts eine wesentliche Rolle spielen. Die Eindrücke, die das Elternhaus dem Jungen im Laufe seiner Entwicklung vermitteln konnte, sind ebenso wie die Erziehungsfehler, hauptsächlich seitens der Mutter, für eine normale sittliche und soziale Entwicklung ungeeignet. Der Mangel an Einsichtsfähigkeit bei dem Jungen dürfte nicht nur mit seiner Minderbegabung zu begründen, sondern in entscheidender Weise durch die Erziehungsfehler beeinflußt sein.

Der Junge wurde aus der Familie herausgenommen und befindet sich jetzt in einem Heim. Eine sozialprognostische Beurteilung fällt hier auch bei vorsichtiger Formulierung schwer. Der besonders im sexuellen Bereich triebhafte und vor allem aufgrund seiner Minderbegabung relativ unkritische Junge erscheint in der Hauptsache wegen seiner Kontaktstörungen gefährdet und gefährdend. Auch in der Klinik kam es gelegentlich mit anderen Jungen zu sogenannten sexuellen Spielereien, wobei regelmäßig Frustrationserlebnisse vorausgegangen waren. Auslösend waren jedoch häufig aggressive Durchbruchsreaktionen, die immer wieder den Vergleich mit den früheren Vorfällen nahelegten. Ob und was gegebenenfalls vom Vater her prägende Wirkung hatte, kann u. E. nur im Zusammenhang mit allen übrigen bedingenden und beeinflussenden Faktoren gesehen werden. Die häusliche Gesamtatmosphäre ist hier sehr wahrscheinlich ein wesentlicher Faktor, der die Reaktions- und Verarbeitungsweisen des Jungen lenkte und auch dazu beigetragen hat, daß die Basissozialisierung unzureichend blieb.

Fall We.

Bei We.'s Vorgeschichte, die hier wegen der Zusammenhang- und Übergangslosigkeit seiner einzelnen Lebensabschnitte und der Uneinigkeit aller um diesen Jungen bemühten Betreuungs- und Bezugspersonen beschrieben wird, sind es eigentlich auch wieder entscheidende Erziehungsfehler, die schließlich über ein notorisches Lügen und Stehlen zu einem Mordversuch führten. Leider ist auch jetzt noch nicht abzusehen, ob dem Jungen ein geordnetes Leben gelingen wird.

We. stammt aus einer geschiedenen Ehe. Er wurde wegen der Eheschwierigkeiten seiner Eltern im Alter von 9 Monaten zu den Großeltern, den Eltern seines Vaters, gegeben, wo er bis zu seinem 9. Lebensjahr aufgewachsen ist. Insbesondere von der Großmutter ist We. sehr verwöhnt worden. Seine ersten in dieser Zeit schon vorgekommenen Unehrlichkeiten wurden von ihr gedeckt und anderen sowie auch dem Großvater gegenüber vertuscht. Die Großmutter war bemüht, dem Jungen jeden Wunsch zu erfüllen, und wenn etwas, was We. sich von ihr wünschte, eigentlich zu teuer war, um es vor dem Großvater verantworten zu können, so kaufte sie es ihm dennoch und sagte etwa: „Wir brauchen dem Großvater ja nicht zu sagen, daß es DM 14,— gekostet hat, sondern wir sagen einfach, es hat nur DM 4,— gekostet."

Einerseits log die Großmutter selbst, um den Jungen in Schutz zu nehmen, andererseits hielt sie auch ihn zum Lügen an.

Diese ersten Eindrücke prägten sich bei We. so stark ein, daß er auch später nicht mehr in der Lage war, die Wahrheit zu sagen, sondern stets log, auch wenn keine „Notwendigkeit" vorhanden war. Diese Unwahrhaftigkeit durchzog wie ein Netz alle seine Gedanken, Anschauungen, Urteile und Gefühle. Er war nicht mehr fähig, irgendein Problem wirklich zu verarbeiten, und es fiel auch später in der psychologischen Untersuchung seine Scheinidentifikation auf. Eine ausreichende Umwelt- und Lebensbewältigung ist dem Jungen auch heute noch nicht möglich.

Im Alter von 9 Jahren kam We. in den Haushalt seines inzwischen in dritter Ehe verheirateten Vaters. Diese Ehe des Vaters ist kinderlos. Hier machte We. von Anfang an Schwierigkeiten; er log, stahl und streunte. Auch die Eltern berichteten, daß er nie die Wahrheit sage, auch bei belanglosen Dingen lüge, vorwiegend Geld entwende, auch schon Fahrräder aus einem Fahrradstand genommen und sie zum Fundbüro gebracht habe, um dafür Finderlohn zu erhalten. Er stehle seiner Stiefmutter und auch Freunden Geld oder unterschlage es. Außerdem schwänze er oft die Schule, belüge und betrüge seine Lehrer. Seine Schularbeiten erledige er nur selten, und auch dann meist unvollkommen, wie auch seine Leistungsbereitschaft stark von Stimmungen und Verstimmungen abhängig sei. Zuhause werde es immer schwieriger, auf den Jungen Einfluß zu nehmen. Er steige nachts aus dem Fenster, und was er dann unternehme, wüßten die Eltern nicht genau; doch habe er einmal bei einer solchen Gelegenheit in eine Baubude einbrechen wollen. Dieses Herumstreunen begann sich mit seinem Eintritt in die Pubertät besonders auszudehnen. Der Vater, dem nach seiner ersten Ehescheidung die elterliche Gewalt für seinen Sohn übertragen worden war, stand der Erziehungsaufgabe dieses in jeder Gemeinschaft untragbaren Sohnes schließlich hilflos gegenüber, so daß er den 11jährigen We. eines Tages so heftig schlug, daß der Junge in ärztliche Behandlung mußte und Nachbarn eine Meldung bei der Kriminalpolizei machten. Seit dieser Zeit stand er unter der Betreuung des Jugendamtes und wurde dann einer Erziehungsberatungsstelle vorgestellt. Eine positive Arbeit scheiterte an der geringen Mitarbeit der Eltern. Seit dieser Anzeige überließ der Vater die Erziehung seines Sohnes fast ausschließlich seiner Frau, der es aber trotz ihres guten Willens schwer fiel, sich positiv auf ihn, der sie immer wieder enttäuschte, einzustellen. Zu seiner leiblichen Mutter die in derselben Stadt wie er lebt, hat der Junge keinen Kontakt. —

We. ist ein gutbegabter und durchaus differenzierter Junge. Es fehlen ihm aber jede Wertordnung und jeder Wertmaßstab. Durch die grenzenlose Verwöhnung der Großeltern auf der einen Seite und die übertriebene Strenge im Wechsel mit der resignierenden Haltung der Eltern auf der anderen Seite, wurde ihm bisher keine positive Erziehung zuteil. Selbst der Hinweis der Erziehungsberatungsstelle, daß der Entzug des Taschengeldes als Erziehungsmittel ungeeignet und ungünstig sei, blieb unbeachtet.

Seine durchaus gute Beziehungs- und Kontaktfähigkeit ist durch die affektive Unangepaßtheit gefährdet und schränkt seine Kommunikationsfähigkeit ein. Bremsfaktoren sind aber vorhanden, so daß sich die Affektlabilität mehr in Form von plötzlichen Durchbrüchen zeigt, die als vorwiegend neurotisch bedingt angesehen werden müssen und auf verdrängten Aggressionen und Ängsten basieren. We. ist zwar suggestibel, doch brauchen Einflüsse eine längere Einwirkungszeit, um wirksam werden zu können. Auch ist eine Empfänglichkeit für idelle Werte vorhanden, so daß sich im ganzen noch gute pädagogische Ansatzpunkte zeigen. Aus der psychologischen Untersuchung wurde weiter deutlich, daß er sich von der Stiefmutter aufgegeben und aus dem Hause gestoßen fühlt, während er eine Partnerschaft mit dem Vater anstrebe. Gerade aber der Vater gab sein erzieherisches Bemühen auf und erklärte sich mit einer Heimeinweisung nicht einverstanden, da er fürchtete, daß er dann für diesen Sohn mehr Geld aufwenden müsse als jetzt, wenn We. zu Hause ist. Als We., der auch verschiedentlich umgeschult werden mußte, in der 8. Klasse war, entschied der Schulrat, daß er vom Schulbesuch zu beurlauben ist, da er in einer normalen Volksschule nicht mehr tragbar sei. Von der Erziehungsberatung wurde für We. die vorzeitige Einleitung eines Berufsfindungsjahres vorgeschlagen, um ihm eine Chance außerhalb der Belastung durch das Elternhaus geben zu können. Mit We. sollte erst nach Abschluß aller Vorüberlegungen wegen des Berufsfindungsjahres gesprochen werden, um ihn nicht womöglich unnötig enttäuschen zu müssen. Als der Vater von dem positiven Ausgang der Vorbesprechungen unterrichtet werden sollte, erschien er unangemeldet in der Erziehungsberatungsstelle und berichtete, daß er seinen Sohn wegen Diebstahls und wegen Mordversuchs angezeigt habe.

We. war sechs Tage vorher von Hause fortgelaufen, nachdem er seinen Eltern DM 90,— gestohlen hatte. Er ist dann in eine Hafenstadt gefahren und hat dort in einer Bar und auf einem Fischdampfer geholfen, wo er sich anheuern lassen wollte. Vier Tage später wurde er aber aufgegriffen und nach Hause zurückgebracht. Am darauffolgenden Tag versuchte er, die Eltern durch Schmerztabletten zu vergiften, die er im Kaffee auflöste, um so ungehindert an Geld heranzukommen zu können. Als der Vater aber am Geschmack feststellte, daß in dem Kaffee etwas sei, entwich We. durch das Fenster und hielt sich einige Tage, von Schulkameraden versteckt, in der Stadt auf, bis er von der Kriminalpolizei aufgegriffen und in unsere Jugendpsychiatrische Klinik eingewiesen wurde. Bei der körperlichen und einfach klinischen, sowie der neurologischen, einschließlich hirnelektrischen Untersuchung des in seiner körperlichen Entwicklung stark accellerierten Jungen ergaben sich keine Abweichungen von der Norm.

We. wurde anschließend bis zu seiner Schulentlassung im Heim erzogen. Es wird berichtet, daß er sich nach anfänglichen Schwierigkeiten gut einlebte und gegenüber den Jungen seiner Gruppe kameradschaftlich sein kann, daß er aber, wenn er in Wut gerät, sich nicht mehr bremsen könne und dann brutal werde. Erwachsenen gegenüber sei er zurückhaltend und verhalte sich abwartend. In der Schule habe er zwar keinerlei Disziplinschwierigkeiten bereitet, doch nachlässig gearbeitet, so daß seine Leistungen längst nicht seiner Begabung entsprochen hätten.

Während seines Heimaufenthaltes hat We. eine CASE-work-Betreuung erfahren, die auch nach seiner Heimentlassung fortgesetzt werden sollte. Die Eltern haben die Verbindung zu ihm fast abgebrochen. Wenn er sie besuchte, wurde er immer kühl empfangen. Die Eltern haben sich im Heim kaum sehen lassen. Zur Großmutter besteht dagegen ein sehr reger Kontakt.

Dem Jungen, der gern Koch werden wollte, wurde eine Lehrstelle als Koch in einem guten Hotel vermittelt. Der Lehrherr hat ihn aber bereits nach einigen Monaten wegen verschiedener Unregelmäßigkeiten hinauswerfen müssen. Er berichtete, daß er den Einfluß der Großmutter auf den Jungen als sehr negativ empfunden habe. Die Großmutter habe ihn in seinen oft unangepaßten und mit einer vernünftigen Arbeitshaltung nicht zu vereinbarenden Wünschen stets bestärkt.

Hier ist einerseits der Zeitpunkt in seinem Leben wichtig, zu dem entscheidende Erziehungsfehler gemacht wurden. Die kontrastierenden Methoden seiner Erziehung verstärkten deren Wirkung auch deshalb noch, weil seine ersten persönlichen Erfahrungen ihn lehrten, daß man Belastungen nicht zu ertragen brauche und auf nichts verzichten müsse. Andererseits war die einzige Bindung an einen Menschen auf materiellen Vorteilen und Erfahrungen aufgebaut, die nämlich seine kaptativen Tendenzen außerdem sehr förderten, zumal eine affektiv-emotionale Bindung fehlte.

Fall A.

A. ist ehelich geboren und der Älteste seiner Geschwister. Als der Junge fünf Jahre war, lebten seine Eltern schon getrennt. Die Mutter hatte außer ihm noch seine vier jüngeren Geschwister zu versorgen und wohnte mit den Kindern in einer barackenähnlichen Unterkunft in einer süddeutschen Stadt. An einem Sommerabend war sie für etwa eine knappe Stunde zu Nachbarn gegangen. Die Kinder, von denen das jüngste vier Wochen alt war, schliefen. Als die Mutter gegen 22.00 Uhr in ihre Wohnung zurückkehrte, kam der 5jährige A. ihr entgegengelaufen und berichtete lachend: „Mama, wir haben die Erika totgeschlagen!"

Die Mutter brachte das Baby sofort in das nahegelegene Krankenhaus, wo aber nur noch der Tod festgestellt werden konnte. Das kleine Mädchen hatte einen Schädelbasisbruch und Gehirnquetschungen erlitten. A. sagte zunächst, seine dreijährige Schwester habe es allein gemacht, doch gab er dann zu, daß er zuerst seine Schwester geweckt und ihr von dem Vorhaben berichtet und dann sein jüngstes vier Wochen altes Schwesterchen mit einer Wasserhahnspindel und den Kanten eines Märchenbuches so lange geschlagen habe, bis es blutüberströmt dalag. Seine Schwester und die beiden jüngeren Brüder waren Zeugen. Angeblich soll durch die Ermittlungen und Vernehmungen herausgekommen sein, daß die Tat vorsätzlich geschah. A. soll auch bei späteren Vernehmungen gesagt haben, daß er das Schwesterchen nicht haben wollte. Der Junge kam am darauffolgenden Tag in die psychiatrische- und neurologische Klinik einer Universität. Aus der Klinik wurde berichtet, daß er in einem grob verwahrlosten Zustand dort eingeliefert wurde. Die körperliche Entwicklung sei etwa altersentsprechend gewesen, doch sei der Junge eher klein und schmal und motorisch recht gewandt und etwas umtriebig. Psychisch stünde im Vordergrund ein Mangel an kindlicher Unbefangenheit und Unmittelbarkeit. Der Junge fühle sich nicht mehr als Kind und führe altkluge Redensarten. Er hielte sich für berechtigt, andere Kinder zu bestrafen, wenn diese „böse" sind und erklärte hierzu, daß er dies zu Hause bei seinen Geschwistern auch getan habe. Erzieherischen Anordnungen habe er zunächst Widerstand entgegengesetzt, hätte jedoch bei ruhiger und bestimmter Art zum Einfügen gebracht werden können. Gemütsmäßig habe sich der Junge recht abgestumpft gezeigt. Dies sei insbesondere bei der Schilderung der Tat, aber auch in seinen sonstigen Redensarten, in denen viel von „Totschlagen", „Augenausstechen", „Hals-abschneiden" und anderem die Rede gewesen sei, zum Ausdruck gekommen. Auf dem Boden seiner gemütsmäßigen Abgestumpftheit habe er auch keinen engeren Kontakt zur Kindergemeinschaft und zum Erziehungspersonal finden können. Intellektuell sei er gut durchschnittlich begabt, verfüge aber nicht über ein altersentsprechendes Allgemeinwissen, sondern nur über einen recht negativen Wortschatz, wie etwa „Balg", „Drecksau", „Hure" u. a. m.

Die ungünstigen sozialen Verhältnisse spielten offensichtlich eine wichtige Rolle bei der Tötungshandlung und dem seelischen Zustandsbild des Kindes. Die gemütmäßige Seite des Jungen habe sich in der häuslichen Atmosphäre kaum entwickeln können. Daher habe er weder eine gefühlsmäßige noch eine verstandesmäßige Einsicht in das Unrechtmäßige seines Handelns. Die Klinik empfahl, den Jungen aus dem schlechten häuslichen Milieu herauszunehmen und wies darauf hin, daß es wohl längere Zeit dauern würde, bis er zu einem kindgemäßen Leben und einer entsprechenden geistigen und seelischen Einstellung gebracht werden könnte. Er benötige ein Milieu, das ihm ohne Vorurteile entgegenkomme. A. kam danach in ein Pflegenest.

Wie mag es nun zu dieser Tat gekommen sein?

Aus vielen Berichten geht hervor, daß die sozialen Verhältnisse in dieser Familie äußerst ungünstig gewesen seien. Da die Eltern zur Zeit dieser Tat schon getrennt gelebt haben, dürften Streit und viele häßliche Szenen vorausgegangen sein. Der Wortschatz des Jungen läßt auf ein sehr primitives Niveau schließen. Der Vater hatte damals versucht, ihn gegen seine Mutter einzunehmen, indem er ihm häufig gesagt haben soll, er, A. sei der einzige eheliche Sohn, die anderen Geschwister stammten nicht von ihm. Die Mutter versuchte wiederum den Sohn auf ihre Seite zu ziehen und hielt ihn dazu an, den Vater einen „Hurenkerl" zu nennen. Von beiden Eltern wurde das Kind jeweils für hoffnungslos „böse" gehalten. — Welche möglichen Streitigkeiten wegen des jüngsten Kindes zwischen den Eltern ausgetragen worden sind, die vermutlich zur Trennung der Eheleute führten, ist nicht näher bekannt geworden. Es ist jedoch denkbar, daß gerade die Existenz dieser kleinen Schwester den Bruch zwischen den Eltern in entscheidendem Maße mitbeeinflußte und daß der Junge das zumindest so auffassen mußte.

Was in den Akten als „vorsätzlich" bezeichnet wird, ist wohl kaum im üblich verstandenen Sinne anwendbar, da dieses 5jährige Kind das Ausmaß der Folgen seines Handelns kaum hat überblicken können. Wenn er auch damals meinte, daß, wer tot sei, zum „lieben Gott" käme, so dürfte diese Äußerung doch als Angstabwehr zu verstehen sein. Zehn Jahre später hat er mir einmal gesagt, daß er vom Schreien des Babys aufgewacht sei. Erst als es immer weiter geschrieen habe, sei ihm die Abwesenheit der Mutter bewußt geworden. Er habe Angst bekommen, ob wegen der Abwesenheit der Mutter oder wegen des Geschreis — er wisse es nicht mehr, wahrscheinlich aber, weil das Kind immer weiter geschrieen habe. Die Geschwister habe er geweckt, weil die so fest schliefen und gar nicht von diesem Schreien aufgewacht seien. Er habe dann sein Märchenbuch fest in die Hand genommen und auf das Kind damit eingeschlagen, weil es still sein sollte; er habe es nicht mehr ertragen können, daß es so schrie. Ob er auch mit einer Wasserhahnspindel auf sein Schwesterchen eingeschlagen habe, wisse er nicht mehr, aber es könne sein, weil man das damals ja gesagt habe.

Es ist heute wohl kaum mehr mit Sicherheit festzustellen, was in A. damals wirklich vorging. Doch erscheint mir die Darstellung des Jungen insofern der Wahrheit recht nahe zu kommen, als sie die Vermutung nicht ausschließt, daß er, aus innerer Ablehnung diesem Geschwister gegenüber — und eventuellen Schuldgefühlen im Zusammenhang mit seiner Einstellung zu der kleinen Schwester und zu den Eltern — sehr wohl leicht in eine panikartige Stimmung, in eine Mischung aus Angst und Aggression kommen konnte, als er sich diesem Babygeschrei allein und hilflos ausgeliefert sah.

Auch wenn in der Erinnerung des Jungen nach all den Jahren und den vielen z. T. untauglichen Versuchen, ihn dies Erlebnis verarbeiten zu lassen (worüber noch berichtet wird) eine zeitliche Verschiebung insofern stattgefunden haben sollte, als das Kind erst während es erschlagen wurde schrie, bleibt zu vermuten, daß zumindest die

Vollendung der Tat infolge einer panikartigen Kurzschlußreaktion geschah. Eine vorsätzliche Tötung im Sinne der behördlichen Annahmen ließe ja dann im Extrem die Vermutung zu, daß A. möglicherweise nicht oder noch nicht schlief, als seine Mutter die Wohnung verließ, und die Gelegenheit ihrer Abwesenheit suchte und nutzte, um seine Schwester zu töten. Übereinstimmend wird dann allerdings berichtet, daß der Junge damals gemütmäßig abgestumpft schien bzw. Gemütskräfte kaum entwickelt gewesen seien. Ebenso übereinstimmend wurde aber beobachtet, daß A. ein sehr sensibles Kind sei und erst langsam die Schockwirkung nach dieser Tat überwand.

Es sei nun noch in großen Zügen berichtet, was nach dieser Tat mit dem Jungen weitergeschah. Nach dem Klinikaufenthalt kam er in ein Pflegenest, wo man meinte, das Kind könne diese Tat einfach nicht begangen haben und A. deshalb begreiflich machte, daß er nur etwas Schlimmes geträumt habe. Er sagte damals: „Ja, ich habe es ja auch mit dem Märchenbuch getan." Der Kontakt zur Mutter wurde so weitgehend wie möglich unterbunden. Daß der Vater ein halbes Jahr nach der Tat wegen der Untreue seiner Frau Selbstmord beging, sagte man dem Jungen damals nicht, um ihn nicht erneut zu belasten. Später faßte A. den Tod des Vaters so auf, als habe er aus Verzweiflung und Gram über seinen Sohn und dessen Mord den Tod gesucht; denn A. wurde, als er wegen der Auflösung des Pflegenestes mit 10 Jahren zu uns kam, etwa gleichzeitig über den Tod seines Vaters unterrichtet und mit seiner Tat erneut konfrontiert. Seine Mutter lebt heute seit 10 Jahren mit einem Ausländer zusammen, den sie nicht heiraten kann, und hat mit diesem noch sechs oder sieben Kinder.

Eine psychagogische Behandlung im Heim wirkte sich positiv aus: Der Junge wurde aufgeschlossener und kontakt- und leistungsfreudiger, doch blieb seine Lieblingsbeschäftigung bis heute das Schießen, wie sie es seit Jahren war. Die Behandlung wurde abgebrochen, als er meinte, er habe die Stunden nicht mehr nötig. A. erscheint jedoch rational übersteuert und zur emotionalen Schicht hin abgeriegelt und wenig differenziert, doch differenzierungsfähig. Bei einer mehr reproduktiven, gut durchschnittlichen Intelligenz kommen durch die mangelnde Bezogenheit zur eigenen emotionalen Schicht vorhandene eigenschöpferische Qualitäten nicht zum Tragen oder äußern sich negativ in Absonderlichkeiten und Eigenbrödeleien. Die äußere Angepaßtheit wird durch eine eben ausreichende Verwurzelung im konventionalen Denken gewährleistet. Die mitmenschliche Beziehungsfähigkeit ist stark eingeengt. Die relativ starken Antriebskräfte werden vorwiegend durch das Bewußtsein reguliert. Die Gedankeninhalte sind nüchtern, undifferenziert und lassen kaum eine geistige Zielsetzung erkennen; der vorhandenen Zielstrebigkeit fehlt die Ausdauer. Geborgenheit wird als bloße Beaufsichtigung erlebt,

Sensibilität und gemüthafte Kräfte sind schwach entwickelt. Da diese Kräfte aber die zuverlässigsten Regulatoren für die Antriebe darstellen, besteht die Gefahr, daß er bei Versagen der Bewußtseinskontrolle seinen Antrieben bzw. Aggressionen ausgeliefert ist, wobei er sowohl sich selbst — aufgrund depressiver Tendenzen, Angst und Schuldgefühlen — als auch seine Umgebung — wegen der mangelhaften Beziehungsfähigkeit — gefährden kann. Affektstauungen, verdrängte Aggressionen mit sado-masochistischen Tendenzen und Angst dominieren bei ihm, wobei die z. T. echte Angst, aus frühkindlichen Frustrationen stammend, durch konvertierte Aggressionen stark aufgeladen wird und in der Angstabwehr neue Aggressionen entstehen. Ein besonderes oder überhöhtes Geltungsstreben fand sich bei ihm nicht, wohl aber zeigten sich Schuldgefühle bezüglich des Vorfalls mit dem Schwesterchen und die halbbewußte Befürchtung, daß seine Antriebe wohl mangelhaft abgesichert seien. Sein Mißtrauen den eigenen Antrieben gegenüber, die er unerwartet als gefährliche Aggressionen erleben mußte und die daraus resultierende Abwehr, d. h. Verdrängung, zeigten deutlich seine Behandlungsbedürftigkeit. Als er 14 Jahre alt war, wurde er dadurch auffällig, daß er zur Polizei lief und für seine Tat um Bestrafung bat. Er suchte auch immer wieder Gelegenheiten, durch ein scheinbares schuldhaftes Verhalten zwar „ins Gefängnis zu kommen“, dann aber dadurch, wie er sagte, endlich mit der „Angelegenheit von damals fertig werden“ zu können. Inzwischen begann er sich auch für seine Familie und vor allem für seine Mutter in stärkerem Maße wieder zu interessieren. Er wünschte nach Hause entlassen zu werden, entschloß sich dann aber, vorher einen Beruf zu erlernen.

Seine Mutter, die neun Kinder hat, die alle gesund, gut ernährt und ausreichend gekleidet sind, hat wohl keine ausreichenden erzieherischen Fähigkeiten, aber sie scheint alle ihre Kinder auf eine sehr warmherzig-mütterliche Art zu lieben. Als sie damals erfuhr, daß man im Pflegenest versuchte, A. das Erlebnis als einen bösen Traum vergessen zu lassen, nannte sie daraufhin ein später geborenes Mädchen wieder Erika, damit er glauben sollte, dies sei seine Schwester. Pflegenest, Heim und Jugendamt haben ihr den Jungen zehn Jahre „vorenthalten“ und haben diese bittende und schimpfende, z. T. mißtrauische und uneinsichtige, nicht immer verläßliche, in unklaren Familienverhältnissen lebende Frau abgelehnt. Sie aber glaubte, daß man sie wegen ihrer Armut ablehnte und faßte seinen Entschluß, vor seiner Rückkehr in die Familie noch einen Beruf erlernen zu wollen, ebenso auf und schrieb ihm: „Ist es denn so schlimm, von armen Eltern geboren zu sein?“ und stellte ihn vor die Entscheidung: „Ich habe lange genug gelebt, es liegt nun in Deiner Hand, ich bin am Ende meiner Nerven und meiner Kräfte.“

Bevor er seine eigentliche Lehre begann, verließ er nach einem Streit mit dem Hausvater das Lehrlingsheim. Er befindet sich etwa seit dieser Zeit im Haushalt der Mutter, wo ihm seitens des Jugendamtes wenig Chancen gegeben werden.

Bis auf immer wieder explosiv zum Durchbruch kommende verbale Entladungen in Form von wüsten Beschimpfungen und Drohungen, entweder dem anderen oder sich selbst etwas anzutun, bei objektiv nichtigen, von ihm subjektiv aber als Beeinträchtigungen und Bedrohungen erlebten Anlässen, machte er keine Erziehungsschwierigkeiten im Sinne einer Neigung zur Delinquenz; doch dürfte neben der unvollkommenen Erlebnisverarbeitung das bisher unbefriedigt gebliebene Sühnebedürfnis des Jungen eine zusätzliche latente Gefahr, ein Risiko bedeuten, wodurch er sich u. E. mindestens im Stadium einer Prädelinquenz befindet.

Eine ätiologische Orientierung bei der Diagnose ist in der Praxis gerade bei den Kindern häufig nicht einfach, wo sie am nötigsten wäre. Die Mühe, die man sich allgemein bei der Ursachenforschung von Schädigungen und Störungen macht, dient ja nicht allein der Vollständigkeit und Gründlichkeit wissenschaftlicher Forschung, sondern zielt vor allem auf den praktischen Nutzen, d. h. auf größere Sicherheit in der Prophylaxe, Prognose und Therapie. Bei der Frage nach den Ursachen, der Prognose und einer wirksamen, auch vorbeugenden Behandlung der Kinder-Kriminalität ist außerdem nicht nur der Täter, wie hier das Kind oder der Jugendliche, von Bedeutung, sondern wir haben es immer auch mit der Einwirkung auf Dritte zu tun; d. h. wir müssen immer Opfer und evtl. Zeugen mitberücksichtigen, die betroffen oder mitbetroffen sind, was die Verantwortung bei der Beurteilung der Forschungsergebnisse wesentlich erhöht.

Bei einer klinischen Individualprognose — die neben statistischen und typologischen Täterprognosen eine der gebräuchlichen Methoden darstellt — ist zwischen der Prognose im Stadium der Prädelinquenz und der Rückfall- und Behandlungsprognose zu unterscheiden. Die beiden letzteren Arten, die sich auf bereits kriminell gewordene Personen beziehen, dürften aber, da sie bestimmte Entscheidungen der Strafrechtspflege beeinflussen, vom Erfolg bzw. Mißerfolg her von Bedeutung für prognostische und prophylaktische Fragen bei Kindern und Jugendlichen sein, deren Persönlichkeitszüge auf eine besondere Empfänglichkeit für kriminelle Einflüsse und eine Neigung zur Dauerkriminalität hinweisen.

Die noch relativ junge kriminologische Prognoseforschung begann 1923 in den U. S. A. und beschäftigte sich zunächst nur mit der Voraussage des Erfolgs und Mißerfolgs. Erst 1940 begann die Forschung zur Voraussage kriminellen Verhaltens im Stadium der Prädelinquenz. Von Ernst W. Burgess, und dem Ehepaar Glueck u. a.

wurden eine große Anzahl von Prognosetafeln entwickelt, wobei bis vor kurzem nur drei Methoden der Konstruktion von Kriminalprognosetafeln bekannt waren:

1. Zusammenstellung besonderer Reizkonfigurationen (Testverfahren)
2. Summation von rückfall-begünstigenden Faktoren mit gleichem Gewicht (Burgess)
3. Vereinigung von wenigen ausgewählten Prognosemerkmalen mit unterschiedlichem Gewicht in einer Tafel (Glueck).

Kritisch ist zu allen diesen bisher entwickelten Methoden zu sagen, daß sich *viele Prognosefaktoren bei der Summierung in ihrem prognostischen Deutegehalt überschneiden*, und deshalb in einer recht großen Mittelgruppe mit etwa gleichen Erfolgs- und Mißerfolgswahrscheinlichkeiten *keine ausreichend treffsichere Kriminalprognose möglich ist.*

Die Hauptschwäche dieser Verfahren ist erstaunlicherweise bis vor wenigen Jahren unentdeckt geblieben: diese Verfahren berücksichtigen nämlich die Interdependenzen und Interkorrelationen ihrer einzelnen Prognosefaktoren zueinander und zu ihrem Kriterium „Erfolg/Mißerfolg" überhaupt nicht. Die zuletzt entwickelten Kriminal-Strukturprognosetafeln beruhen auf den methodischen Prinzipien, nach denen ein hohes Maß bisher nicht entdeckter und *mit den heutigen Methoden auch noch nicht erforschbarer Wechselwirkung zwischen den Prognosefaktoren und eine beträchtliche Variationsbreite individueller Ungleichheit unter der kriminellen Population vorherrscht.*

Die empirischen Daten werden folglich nach dem Vorhandensein und Fehlen von Merkmalen zu klassifizieren und die heterogene kriminelle Population sukzessiv-hierarchisch in relativ homogene Risikogruppen zu unterteilen versucht. Diese Risikogruppen sollen sich strukturell nach dem Vorhandensein oder Fehlen von Merkmalen, die mit dem Kriterium Erfolg/Mißerfolg verschiedene Grade des Zusammenhangs besitzen, voneinander unterscheiden. Die Prognosemerkmale, die meist objektive Außenfaktoren sind, werden dann für jede Risikogruppe miteinander kombiniert, so daß eine Art Typologie der Risikokategorien entsteht.

In jüngster Zeit entwickelte Kriminalprognosetafeln (von D. Glaser, K. G. Ballard, D. M. Gottfredson, T. Grygier) haben bei ersten Validitätsuntersuchungen zwar günstige Ergebnisse erbracht; Kritiken, die von einer Beeinträchtigung der Menschenwürde sprechen oder auf strafrechtsdogmatischen und theoretisch-soziologischen Überlegungen fußen, können wohl entkräftet werden, aber die Bedenken wegen sozial-psychologisch schädlicher Rückwirkungen der Kriminalprognoseentscheidungen sind dagegen durchaus ernst zu nehmen, denn *es besteht tatsächlich die Gefahr, daß kriminell gefährdete Kinder sozusagen „stigmatisiert" und in die delinquente Rolle geradezu hineingedrängt werden, bzw. aufgrund des gesellschaftlichen Ausgliederungsdrucks als sozial Abweichende, Unangepaßte in größere soziale Abweichung getrieben werden.* Dieser Ausgliederungsdruck ist eine dynamische statisch-meßbare Kraft, die unter dem Konzept der „sozialen Progression" wirksam wird und — da eine Verheimlichung einer ungünstigen Kriminalprognose allein schon wegen ihres therapeutischen Zwecks unmöglich ist — gerade das heraufbeschwören kann (nämlich die Delinquenz), was verhindert werden soll.

Das größte Problem bleibt aber vorläufig noch ungelöst, nämlich das der Behandlung; denn es sind bisher von psychologischer Seite kaum neue und vor allem keine ausreichend wirksamen Behandlungsmethoden entwickelt worden, die einer Frühkriminalität vorbeugen könnten.

Wenn wir uns an den geschilderten Fall des B. erinnern, so sehen wir bei ihm einmal die Resignation des Jungen selbst, aber auch die seiner Erzieher, die — als sie von der Hirnschädigung und einer vermeintlich damit im Zusammenhang stehenden erzieherischen Unbeeinflußbarkeit erfuhren — das zu einer erfolgversprechenden Behandlung notwendige Mindestmaß an pädagogischem Optimismus einbüßten. Eine „Stigmatisierung" zu delinquenten Handlungen sehen wir u. a. bei A., dem als hoffnungslos „böse" abgestempelten Kind und bei R., dem Sohn der „Zuchthäusler", in anderer Weise.

U. E. ist dies stets ein Unsicherheitsfaktor selbst dann, wenn wir Strukturprognoseverfahren für eine trennscharfe, treffsichere Aussonderung mit Hilfe objektiv feststellbarer Außenfaktoren haben sollten, und auch selbst dann noch, wenn einmal ausreichend wirksame Behandlungsmethoden entwickelt wären. Denn — und dies scheint ein wesentlicher Faktor, in diesem Zusammenhang einer der wichtigen Risikofaktoren zu sein — jede Ausnahme — oder Sondersituation schafft gesellschaftlichen Ausgliederungsdruck. Denken wir z. B. an die Minderbegabten, die Hochbegabten, die Kinder mit auffällig asynchroner Reifung oder an Körperbehinderte.

Aber noch sind wir nicht soweit, sogenannte „Risikokinder" insgesamt aussondern zu können. — Es gibt — und insoweit sind diese Überlegungen spekulativ — sicher zahlreiche Faktoren, die das Risiko einer später möglichen Delinquenz beinhalten und zu einer vorbeugenden Behandlung Veranlassung sein könnten, wie z. B. eine ungenügende Basissozialisierung, etwa aufgrund einer schweren Hirnstammschädigung bei weitgehend erhaltener Intelligenz, Kriminalität in der Familie, körperliche oder geistige Behinderungen, extreme Temperamentsveranlagungen usw. —

Bei den Fragen nach den Ursachen der Kriminalität bei Kindern und Jugendlichen können wir aber nicht nur etwa nach einzelnen Umweltbedingungen (im sozialpsychologischen Sinne) forschen, denn bis ein Kind kriminell wird, bedarf es vieler Voraussetzungen. Häufig werden schädliche Umwelteinflüsse wie z. B. der Film oder das Fernsehen mit den vielen, z. T. detaillierten Verbrechensdarstellungen für das Anwachsen der Jugendkriminalität allein verantwortlich gemacht. Im Jahrbuch des statistischen Bundesamtes findet sich aber ein interessanter Vergleich: Danach wurden z. B. im Jahre 1895 — einer Zeit, die allgemein als eine gute und gefestigte gilt — im damaligen Reichsgebiet 44 379 Jugendliche wegen krimineller Vergehen rechtskräftig verurteilt; 1953 waren es in der BR, deren Einwohnerzahl etwa der des damaligen Reichsgebiets entspricht, 28 317 wegen krimineller Vergehen rechtskräftig verurteilte Jugendliche, also etwa 16 000 weniger. 1895 gab es aber weder Rundfunk noch Fernsehen, noch wurden Filme öffentlich gezeigt.

Dieses Beispiel möge genügen, um die sich immer wieder bestätigende, aber sich noch nicht überall durchgesetzte Auffassung zu stützen, daß nicht *eine Ursache allein* verantwortlich gemacht werden kann, und daß man offenbar weder Anlage — Umwelt — Betrachtungen ausschließlich, noch soziologische und sozialpsychologische Erhebungen allein, oder nur medizinisch-psychiatrische Befunde zur Klärung der Entstehungsbedingungen der Frühkriminalität heranziehen darf. Notwendig ist vielmehr eine „mehrdimensionale Diagnostik", worauf Kretschmer übrigens schon 1944 hinwies. Es geht hier um die körperlich-seelische Ganzheit der Täterpersönlichkeit, die sowohl im Längsschnitt — also in ihrer Entwicklung von der Geburt bis zur Zeit der Tat — als auch im Querschnitt, als gegenwärtige konstitutionsbiologische und psychologische Beschaffenheit des Frühkriminellen zu erfassen ist.

Das Ehepaar E. und W. Enke hat in einem 1958 erschienenen Sammelband über „Mehrdimensionale Diagnostik und Therapie" eine übersichtliche Zusammenstellung solcher Ursachen als Risikofaktoren-Gruppen gebracht, wobei auch die Gewichtsverteilung und die Wertigkeiten der einzelnen Faktoren im Bedingungsgefüge der Entstehungsursachen angesprochen sind. Außerdem wird in dem Beitrag zur „Jugendkriminalität in psychiatrischer Sicht" und vor allem in einer Abhandlung von W. Enke über „Struktur und Funktion der Jugendpsychiatrischen Klinik" (Juli 1963) auch auf die Notwendigkeit der Zusammenarbeit der einzelnen Fachrichtungen (Psychiatrie, Psychologie, Heilpädagogik) hingewiesen. Die Entscheidung, was mit Kindern geschehen soll, die hinsichtlich einer potentiellen Delinquenz gefährdet erscheinen, wird im Einzelfall immer mehr oder weniger schwierig sein, auch wenn wir einmal in der Lage sein werden, sie insgesamt und rechtzeitig erfassen zu können, doch bleibt zu hoffen, daß sich diese Schwierigkeiten mit zunehmender Sicherheit im Erkennen der ursächlichen Entstehungsbedingungen verringern werden.

Erste Ansätze zur Prophylaxe der Kriminalität

von *Fritz-Ulrich von Kracht*

I. Teil: im Kleinkindalter[1]

Bei der Prophylaxe der Kriminalität darf man sich nicht allein von einem sozialhygienisch-utilitaristischen Denken leiten lassen. Konkret gesprochen heißt dies, daß prophylaktische Maßnahmen unabhängig von der Tatsache erforderlich sind, ob die Kriminalität ansteigt oder nicht. Bezüglich der Erforschung der Verbrechenshäufigkeit sind zwei Richtungen erkennbar, erstens die Bagatellisierung, welche sagt: „so schlimm ist es ja gar nicht" und zweitens die Übertreibung. Selbst wenn das Verbrechen ein isoliertes Phänomen wäre, müßte man mit allen zur Verfügung stehenden Mitteln der Wissenschaft auf Abhilfe sinnen. Die Humanität ist ihrem Objekt gegenüber auch dann positiv eingestellt, wenn die Defekte nicht in Massen auftreten und die Gesellschaft nicht ernsthaft gefährden. Das potentielle straffällige Individuum ist es, dem in erster Linie geholfen werden muß; um seinen Wert und seine Würde geht es primär. Selbstverständlich hat die Gesellschaft davon einen nachhaltigen Nutzen, es wäre aber verfehlt, diesen Nutzen zur Grundmotivation der Verbrechensbekämpfung zu machen. Jeder Utilitarismus degradiert nämlich das Individuum, indem er in ihm ein Mittel zum Zweck sieht, wobei dann in nuce ein gerade in letzter Zeit erst tragisch bekannt gewordener kriminogener Faktor gesetzt wird: die Abwertung der in der Einzelperson relevanten Menschenwürde.

Die folgenden Darlegungen versuchen eine strukturdynamische Betrachtung des Phänomens der Kriminalität im Sinne einer tiefenpsychologisch orientierten genetischen Charakterologie. Eine Explikation des kleinkindlichen Entwicklungsverlaufes soll auf schwache Stellen und kritische Punkte aufmerksam machen, bei denen die Prophylaxe einer möglichen späteren kriminellen Entwicklung wirksam ansetzen kann. In der Praxis wird noch lange nicht hinreichend genug beachtet, daß sich eine Vorbeugungsmaßnahme um so erfolgversprechender erweist, je früher sie einsetzt. Deshalb kommt der Prophylaxe der Kriminalität im Kindesalter eine weitaus größere

---

[1] II. Teil erscheint in einem späteren Heft.

Bedeutung zu als den Maßnahmen, die beim gefährdeten Jugendlichen oder gar beim Erwachsenen zu ergreifen sind. Es kann gar keinem Zweifel unterliegen, daß infolge der erhöhten Prägbarkeit in den frühkindlichen Phasen der Entwicklung die Wirksamkeit der gezielten Verbrechensbekämpfung um so größer ist, je kleiner das Kind ist, dem wir unsere Aufmerksamkeit zuwenden, um es vor späterem Versagen zu bewahren und zu einem vollwertigen Mitglied der menschlichen Gesellschaft heranzubilden. Diese Erkenntnis ist der Grund dafür, warum in unseren Ausführungen das Schwergewicht erst einmal auf den prägenitalen Phasen der kindlichen Entwicklung liegen wird.

Die Früherfassung der potentiellen Kriminellen muß nun unter zweierlei Aspekten betrachtet werden. Zuerst ist zu betonen, daß es den „reo nato", den geborenen Verbrecher im Sinne *Lombrosos*, nicht gibt. In jedem Menschenkinde, das zur Welt kommt, steckt ausnahmslos auch ein potentieller Krimineller. Der Mensch ist nicht schon von Natur aus auf das ethisch Werthafte und auf die Befolgung des Moral- und Sittenkodex festgelegt. Wenn man überhaupt auf diesem Gebiete etwas verabsolutieren will, hätte man eher das Recht, vom Gegenteil zu sprechen, wie schon etwa *Aurelius Augustinus* es tat. Zu Beginn seines Lebens ist der Mensch ausschließlich von Trieben beherrscht. Er lebt nicht aus der entscheidenden Instanz des Ich, der Kulturpsyche, sondern ganz aus der Instinktpsyche des Es, der ältesten psychischen Provinz, wie *Freud* sagt. Das Es ist der Ort der Triebe, der ungesteuerten und ungebremsten Wollungen. Ererbtes und von Geburt an Mitgebrachtes, die „kongenitale Ausrüstung" *(René A. Spitz)*, gehen in das Es mit ein. Das Es ist von sich aus apersonal und auch asozial. Sein ganzes Leben lang, solange „das Fleisch gegen den Geist streitet" (Galater 5, 17), bleibt der Mensch von den Strebungen des Es, die unter anderem auch als „Versuchungen" ichfremd erlebt werden, bedroht. Bis der Mensch so weit ist, daß er seine Antriebe unter die Ich-Kontrolle gebracht hat, ist es ein weiter Weg, dessen einzelne Schritte von der Bewußtseinspsychologie und der Pädagogik oft beschrieben worden sind.

Die Maßnahmen, welche das Kind auf seinem Entwicklungsweg begleiten, um der andauernden latenten Bedrohung durch die Strebungen des Es zuvorzukommen, die Mittel und Wege, die erzieherisch einzuschlagen sind, um das anfangs noch schwache Ich zu festigen und ein Über-Ich als idealgebende Instanz zu bilden, bestehen in einer allgemeinen seelischen Hygiene.

Ein anderer Aspekt für das Thema „Prophylaxe" ergibt sich, wenn beim Kind bereits Störungen aufgetreten sind, welche als kriminell oder zumindest als Vorstufe zur Kriminalität angesehen werden können. Ob bei ernsthaften Störungen ein Abgleiten in das Verbrechen befürchtet werden muß, entscheidet der Fachmann mittels einer potyätiologischen und mehrdimensionalen Diagnose der Täterpersönlichkeit und ihres sozialen Umfeldes. Bei den entsprechenden Erhebungen sollten neben Psychologen Ärzte, Pädagogen, Sozialarbeiter und auch entsprechend geschulte Theologen mitwirken, um alle Dimensionen und möglichen Ursachen des Fehlverhaltens auszuloten. In diesem zweitgenannten Fall liegt das Hauptgewicht weniger auf einer allgemeinen vorbeugenden Psychohygiene, welche von vornherein die Lebensumstände so konditionieren soll, daß Abweichungen gar nicht erst auftreten, als vielmehr auf einer gezielten Therapie, die bereits eingetretene Fehlentwicklungen korrigiert und soziale Anpassungsschwierigkeiten beseitigen hilft. Die unabdingbare Voraussetzung für den Erfolg therapeutischer Maßnahmen ist jedoch eine exakte Diagnose. Bei zahlreichen Jungendämtern ist leider immer wieder die Meinung anzutreffen, daß es genüge, wenn der Psychologe sich ein auffälliges Kind „einmal ansieht". Eine Untersuchungszeit von mindestens sechs bis acht Stunden sollte bei ernsthafteren Störungen unbedingt zur Verfügung stehen. Wir sind uns durchaus bewußt, daß diese Forderung auf den überlaufenen Erziehungsberatungsstellen, die dem Andrang der Ratsuchenden kaum mehr Herr werden, kaum zu realisieren ist.

Allgemeine und vorbeugende Psychohygiene sowie gezielte therapeutische Prophylaxe müssen dem neuesten Stand der Wissenschaft entsprechen. Ohne eine Orientierung am Rüstzeug der Tiefenpsychologie und fundierte Kenntnis der menschlichen Antriebsgebiete im Kindesalter verlaufen alle Bemühungen um eine erfolgversprechende Kriminalprophylaxe im Sande. Wenn wir sagten, daß nicht nur die Therapie, sondern auch die vorbeugende Psychohygiene sich auf eine solide Kenntnis der menschlichen Antriebsgebiete stützen muß, so wird damit keine geringere Forderung erhoben als die, daß nicht nur alle, welche es von Berufs wegen mit Kindern zu tun haben, tiefenpsychologisch unterrichtet sein müssen, sondern daß auch alle Eltern hierin Grundkenntnisse aufweisen sollten. Es ist zwar nicht so, daß der Mensch schon richtig erzieht, wenn er intellektuell um die psychologischen Gesetzlichkeiten weiß. Andererseits ist aber auch an der Tatsache nicht vorbeizusehen, daß zahlreiche Erziehungsfehler aus Unkenntnis begangen werden. Gerade der in der Praxis tätige Psychologe weiß, wie viele kindliche Fehlentwicklungen durch sachgerechte Information der Eltern hätten vermieden werden können. Grundsätzlich verhält es sich mit der Psychohygiene nicht anders, als mit der Hygiene im leiblichen Bereich.

Der erste und gewichtigste Ansatz zur Prophylaxe der Kriminalität hat demzufolge in einer wissenschaftlich begründeten und planmäßig durchgeführten Aufklärung über das kindliche Entwicklungsgeschehen und die Ausformung der menschlichen Antriebsgebiete zu bestehen. Es genügt keineswegs, wenn in dieser Hinsicht nur Lehrer und Kindergärtnerinnen unterwiesen werden. Das Schwergewicht des

Schulungsprogrammes müßte auf der Information der jungen Eltern und der Säuglingsschwestern liegen.

Die Antriebsgebiete, auf die im folgenden näher eingegangen werden soll, zeigen bezüglich ihres Entstehens ganz bestimmte Phasenschwerpunkte. Obschon der These, daß die menschliche Entwicklung während der gesamten Lebensdauer nie zum Abschluß kommt, keineswegs widersprochen werden soll, muß betont werden, daß für die Ausformung des Charakters und für die Persönlichkeitsbildung das Hauptgewicht der Prägung auf den kindlichen Frühphasen liegt. Mit etwa fünf bis sechs Jahren, also noch vor dem Ersten Gestaltwandel, hat sich der „Rohbau" des Charakters soweit konstituiert, daß der endothyme Grund der Persönlichkeit sich ohne späteren therapeutischen Eingriff während des übrigen Lebenslaufes mit ziemlicher Konstanz durchhält. Diese Erkenntnis ist nicht nur für die Neurosenprophylaxe, sondern auch für alle anderen Normabweichungen, insbesondere auch für die Prophylaxe der Kriminalität, von fundamentaler Gewichtigkeit.

Den ersten Abschnitt der menschlichen Existenz, und zwar den weitaus wesentlichsten, haben wir in der Säuglingszeit zu sehen. In dieser Phase, die wegen der Bedeutsamkeit der Mundregion auch „orale Phase" genannt wird, differenzieren sich nach dem gegenwärtigen Stand unseres Wissens hauptsächlich drei Antriebsgebiete heraus. Wir haben da einmal das Streben nach Besitz und legitimer Wunscherfüllung, die Kaptativität. Sie befähigt den Menschen, später seine Forderungen in angemessener Weise anzumelden. Ein zweites Streben während des ersten Lebensjahres ist das Zärtlichkeitsstreben, der Wunsch nach wärmender Geborgenheit, nach Hautkontakt. Ein ausgereiftes sexuelles Antriebserleben kommt ohne frühkindliche Erfüllung des Zärtlichkeitsstrebens nicht zustande, wie unter anderem auch die Versuche *Harlows* an Rhesusaffen gezeigt haben. Ferner entwickelt sich in der oralen Phase die Intentionalität als Grundlage für den Wissenserwerb. Das intentionale Antriebserleben verfolgt das Ziel, sich der Welt mit Hilfe des Sensoriums zu bemächtigen, und zwar nicht primär wegen irgendeines biologischen Nutzens, sondern um der Bekanntheits- und Vertrautheitserlebnisse selbst willen. Sein Korrelat ist der Objektbezug. Bei unzureichender, mangelhaft ausgebildeter Intentionalität bleiben die Objektbezüge verschwommen. Die Welt wird unvertraut, unheimlich und erhält oft die Note des Bedrohlichen. Über die für das Menschsein so wesentlichen und unerläßlichen Objektbeziehungen sind wir vor allem durch *René A. Spitz* unterrichtet worden.

Die genannten Antriebsgebiete, welche die Thematik der oralen Phase beherrschen, sind nun auch kriminalpsychologisch hochrelevant. In den meisten Fällen von späterer Kriminalität finden wir zumindest eines von ihnen in seiner Entwicklung gehemmt. Wenn der Delinquent

Störungen in der rechtmäßigen Aneignung des Besitzes aufweist, ist primär das kaptative Antriebserleben gehandicapt. Jedoch gerade dieses kaptative Antriebserleben sollte man nicht zu isoliert betrachten. Oft geht es mit mangelhaft ausdifferenzierten Objektbeziehungen Hand in Hand. So mancher, der Mein und Dein nicht unterscheiden kann, bringt tatsächlich die diakritische Stellungnahme zwischen Ich und Du nicht auf. Infolge einer Störung der frühesten Mutter-Kind-Beziehung verschmelzen bei ihm Subjekt und das umgebende Mit-Sein der Welt zu einem primitiv-ganzheitlichen Wir, das bezüglich des Besitzes nur zu dem vagen, unausdifferenzierten Begriff des Unser zu gelangen vermag.

Herabgeminderte Intentionalität und unausgereifter Objektbezug sind gerade bei solchen Verbrechen mitbeteiligt, die sich spezifisch gegen die Menschen- und Personwürde richten. Bei besonders kalten und gefühllosen Straftaten, etwa Sexualdelikten, die uns ihrer Qualität nach uneinfühlbar bleiben, sind zumeist intentionales und Zärtlichkeitsstreben gemeinsam betroffen. Das trifft vorwiegend für Verbrechen zu, bei denen das Opfer als Mittel zum Zweck mißbraucht wird. Gerade der Sexualdelinquent vermag es nicht, die Einmaligkeit und Werthaftigkeit eines personalen Du einzusehen und emotional anzuerkennen. Für ihn ist der Mensch prinzipiell auswechselbar. Dieser Sachverhalt begegnet uns auch bei der Prostitution, welche zwar selbst kein Verbrechen im engeren Sinne ist, für die Kriminalität aber einen fruchtbaren Boden abgibt.

In diesem Zusammenhang sei eine wesentliche Anmerkung vorgebracht: Mit Recht schreibt man dem souveränen Ethos, dem rechten Handeln aus den inneren Kräften der Persönlichkeit, einen höheren Rang zu als der normativen Moral. Das darf uns aber nicht an der Tatsache vorbeisehen lassen, daß sich die Bedingungen für das Ethos des Menschen früher konstituieren als die Grundlagen der mehr an der Konventionalität orientierten Moral. Gerade das Ethos hat seine Wurzeln vornehmlich im ersten Lebensjahr, also in der oralen Phase. Die Befolgung des Sittenkodex ist späteren Entwicklungsabschnitten, in erster Linie dem zweiten Lebensjahr, zuzuordnen.

Nachdem wir nun einen ersten Überblick gewonnen haben, müssen wir der Säuglingszeit als der wichtigsten Phase des menschlichen Lebens, unsere besondere Aufmerksamkeit widmen.

Der Mensch kommt, wenn man seine Körperproportionen mit denen anderer Säuger vergleicht, nach einer Tragzeit von etwa 280 Tagen so unfertig zur Welt, daß *Adolf Portmann* für ihn den Begriff der „physiologischen Frühgeburt“ eingeführt hat. An sich müßte die menschliche Schwangerschaft nicht neun, sondern einundzwanzig Monate dauern. Erst dann hat der Mensch hinsichtlich seiner Körperausstattung die Maße, die einen Vergleich mit den neugeborenen Säugern angemessen sein lassen könnten. Der Mensch schließt also seine „intra-uterine fetale Phase“ etwa ein Jahr vor Beendigung seiner grundlegenden Reifung ab. Diese Unfertigkeit ist allerdings auch ein eminenter kultureller Faktor, weil sie von nachhaltigster Plastizität begleitet ist und damit die Prägbarkeit erhöht. Auf der anderen Seite aber kann sie auch die Grundlage für kaum mehr zu korrigierende Fehlprägungen sein und stellt somit eine Gefahr dar, derer sich viele Pflegepersonen, und zwar in Elternhaus und Heim, kaum bewußt sein dürften. Das erste Lebensjahr, auch „extra-uterine fetale Phase“ genannt, gebietet die Eingliederung des noch ganz unfertigen Menschen in einen sogenannten „Sozial-Uterus“. Beim gegenwärtigen Stand unserer gesellschaftlichen Struktur ist dieser mit der Familie, und zwar nur mit der Familie, gegeben. Bei aller Toleranz muß doch gesagt werden, daß das uneheliche Kind immer noch ein gefährdeter Sonderfall ist, weil ihm die beschützende und fördernde Atmosphäre des bergenden Sozial-Uterus im ersten Lebensjahr nicht voll zukommt.

Charakteristisch für den Abschluß der oralen Phase ist die beginnende Einkulturisierung, die ihren Niederschlag in der sich nunmehr anbahnenden Sprachentwicklung findet. — Wir wollen in diesem Rahmen keine Philosophie der Sprache darstellen. Es sei jedoch darauf hingewiesen, daß die Sprache, ihrem Wesen als intentionelle Kundgabe entsprechend, der Objektbeziehung nicht entraten kann. Wir könnten nicht sprechen, wenn wir uns nicht als Subjekt von dem mit der intentionalen Kundgabe gemeinten Objekt absetzen könnten. Blieben wir mit dem Gemeinten zu einer primitiven Ganzheitlichkeit verschmolzen, so könnten wir das Gemeinte nicht einmal als „das da“ deiktisch bezeichnen, geschweige denn es benennen. Die Objektbeziehung ist also die Grundbedingung für die Sprachfunktion. Andererseits aber kündigt uns die beginnende Sprachfunktion beim ungefähr neun bis zwölf Monate alten Kind auch an, ob die Objektfindung stattgefunden hat. Wo bis zu vierzehn Monaten noch überhaupt kein Gemeintes — auch nicht deiktisch — bezeichnet werden kann, sollte man einen Fachmann aufsuchen. Aus der Sprachfunktion heraus, das heißt aus dem Vermögen des Säuglings, einen Gegenstand als vom eigenen Erleben urgeschieden betrachten zu können, konstituiert sich das Ich. Seit altersher hat man den Menschen als ein Zôon logikón, ein Wesen, das Sprache hat, definiert. Bei dieser Begriffsbestimmung liegt der Akzent aber nicht auf ausgesprochenen Worten, auch nicht auf den Begriffen, sondern auf dem Objektbezug. Dieser Objektbezug ist deswegen die conditio sine qua non der sozialen Anpassung, weil die Fähigkeit, Objekte vom Eigenzuständlichen abgehoben zu erleben, zu benennen und kundgeben zu können, erst das Ich als die entscheidende Instanz konstituiert und die Subjektivität des Menschen, die von Natur aus eine dialogische ist, begründet. „Die Dialoglage ist für den Menschen konstitutiv“ (*Jean-Pierre de Rudder*).

Die Prophylaxe der Kriminalität muß diesem Sachverhalt der Ich-Bildung im Kindesalter unbedingt Rechnung tragen. Die Umwelt des Kindes muß so beschaffen sein, daß sich bis zum Ende des ersten Lebensjahres ein hinreichend gefestigter Objektbezug gebildet hat. Als „Objekt" wollen wir in unserem Zusammenhang einen Gegenstand verstehen, der sich als uns gegenüberstehend und von uns urgeschieden, in seinem Sosein von seinem Hintergrund abgehoben, dauerhaft durchhält und zur Benennung motiviert.

Die Objektfindung ist beim Säugling jedoch kein rationaler, sondern ein emotional gesteuerter Vorgang, über dessen Zustandekommen wir von *Spitz* so vortrefflich unterrichtet sind, daß man sich hier auf einige grundlegende Ausführungen beschränken kann. Zu Beginn seiner Existenz, vornehmlich in den ersten sechs Monaten, lebt das Kind mit der Mutter in dem geschlossenen System der sogenannten Dyade *(Simmel)* oder Zwei-Einheit. Von einem Ich kann noch keinerlei Rede sein. Der Säugling befindet sich im undifferenzierten Zustand der Somato-Psyche. Die Dyade hat den Charakter der Symbiose. Ein- und Unterordnungen im Sinne hierarchischer Beziehungen fehlen noch ganz. Die Mutter wird nicht als Gegenüberstehendes, sondern als Teil der eigenen Befindlichkeit erlebt. Man kann hier von einem naiven Wir-Stadium sprechen. Sein Hintergrund ist nicht das Erlebnis der personalen Partnerschaft, wie beim ausgereiften Zusammengehörigkeitsgefühl, bei dem die Ich- und Subjektqualität eine tragende Rolle spielt. Übrigens ist ein völlig ausgereiftes Du-Sagen-Können zur personalen Individualität des Anderen sicher auch im Erwachsenenalter nicht der Regelfall.

Die Objektbeziehungen des Kindes beginnen ansatzweise im zweiten Lebensmonat. Neben der Tatsache, daß das Kind das Lächeln erwidert — man spricht hier vom „Objektvorläufer" — beginnt aber noch in anderer Weise die Grundlegung einer Sozialbeziehung. Das Kind bemerkt jetzt das Herannahen des Erwachsenen, aber nur dann, wenn es hungrig ist und erfahrungsgemäß von der Pflegeperson die Befriedigung des Nahrungstriebes erfährt. Ist dies nicht der Fall, bleibt der Erwachsene unbeachtet, und wir haben hier bereits den Keim zu einer späteren Sozialstörung vor uns. Das leibliche Bedürfnis des Hungers ist das erste Medium zur interpersonalen Kontaktaufnahme überhaupt und damit zu den Beziehungen von Mensch zu Mensch, auch auf höherer und höchster Ebene. Der soziale Partner wird zuerst einmal als einer, der füttert, erlebt und sonst gar nicht wahrgenommen. Es geht also nicht nur die Liebe durch den Magen, sondern die soziale Angliederung überhaupt. Jede Moral und jedes Ethos sind ihrem Wesen nach sozialbezogen. Da nun an der Schwelle des Ethos ganz maßgeblich das Hungergefühl steht, das gestillt wird, erhält *Bertold Brechts* Sentenz „Erst kommt das Fressen, und dann kommt die Moral" neben seiner politisch-agitatorischen noch eine zusätzliche sozialpsychologische Bedeutung.

Wir sehen, daß sich die sozialen Beziehungen und die ichhaften Stellungnahmen schrittweise aus physiologischen Beziehungen und triebhaften Bedürfnisspannungen des Es herausentwickeln. Charakterogenetisch betrachtet sind die personalen Stellungnahmen des Ich mitsamt der ihnen anhaftenden Sozialbeziehung gegenüber den fundierenden Werten der Triebbefriedigung fundierte Werte; sie gehören einer höheren Schicht an und sind darum auch um so störanfälliger. Alle Erziehung hat es nun darauf abgesehen, dieses Verhältnis derart umzustrukturieren, daß das Fundierte, das Ethos, die Oberhand über das Fundierende, den Trieb, bekommt. „Wo Es ist, soll Ich werden", sagt *Freud*. Wir haben dann als Ergebnis unserer erzieherischen Bemühungen statt des bloßen homo den homo humanus und gestalten den Menschen, der anfangs ein bloßes Individuum ist, zur Individualität um. Der Unterschied ist folgender: Das Prinzip der Individuation, welches den Menschen in seiner naturhaften Einmaligkeit begründet, ist das auf der Materie aufbauende Anlagenpotential, das der Mensch mit auf die Welt bringt. Es ist das ausschließlich im Leiblichen liegende Es. Als Insgesamt der ichlichen und wertbezogenen Stellungnahmen ist das Prinzip der Individualität hingegen etwas Geistiges, aber dieses Geistige schwebt, wenn wir es psychologisch betrachten, nicht frei, sondern hat seine Grundlage im Bios und in der Befriedigung elementarster Triebbedürfnisse.

Aus der geschilderten Tatsache, daß die spätere soziale Einordnung mit dem oralen Antriebserleben auf das engste verknüpft ist, ergibt sich die Konsequenz, daß die orale Frustration in den ersten Lebensmonaten den Aufbau des partnerschaftlichen Verhaltens erschweren muß. Der naturhafte Egoismus des Menschen, sein primärer Narzißmus, kann nicht soweit abgebaut werden, daß es uns jemals möglich würde, dem anderen Menschen völlig ohne das Gefühl einer grundsätzlichen Hoffnung im Sinne des persönlich Befriedigtwerdens entgegenzutreten. Diese Hoffnung motiviert bis zu einem gewissen Grade jede Kontaktaufnahme. Wenn wir vom Mitmenschen prinzipiell nichts zu erwarten haben, bleibt er für uns uninteressant — ein Vorgang, der auch im gesellschaftlichen Verkehr immer wieder beobachtet werden kann, wenn zwischen „wichtigen" und „weniger wichtigen" Persönlichkeiten unterschieden wird. Dieser Umstand des wurzelhaften Utilitarismus wird im allgemeinen viel zu wenig beachtet, weil er, wenn wir ihn konsequent durchdenken, für jeden von uns eine gewisse Peinlichkeit enthält. Auch unsere edelsten Motive sind bei näherem analytischen Hinsehen durchweg nicht annähernd so selbstlos, wie wir meinen.

Bei Kriminalfällen findet sich häufig die unreflektierte, pessimistische Grundhaltung des Desperado, der sich von aller Welt vernachlässigt und unbeachtet wähnt. Häufig kann man ermitteln, daß er in der frühesten Kindheit die Urerfahrung der elementarsten Trieberfüllung im Sinne der oralen Bedürfnisbefriedigung nicht erleben durfte. Dieser Sachverhalt ist an sich oft dargestellt worden. Ganz allgemein weniger beachtet wird aber, daß zugleich mit der oralen Frustration die aufkeimenden Kontaktbezüge schon im Entstehen abgedrosselt werden können. Die Hemmungen des oral Frustrierten, den man vornehmlich in die Kategorie der depressiven Neurosenstruktur einordnet *(Schulz-Hencke)*, können also keineswegs ausschließlich mit einer Blockierung des kaptativen Antriebserlebens allein interpretiert werden, wie dies meistens geschieht. Der Objektbezug und die Ausdifferenzierung der Ich-Du-Relation ist fast immer mitbetroffen. Jeder Fachmann, der mit Eigentumsdelinquenten zu tun hat, weiß, wie schwer es meist ist, mit ihnen ins Gespräch zu kommen. Kontaktarm, ohne ichhafte Stellungnahmen, sitzen sie dem Untersucher mit herabgeminderter Subjektivität gegenüber. Der soziale Bezug, der eine Gesprächsführung überhaupt erst ermöglicht, fehlt weithin. Gerade dieser Umstand muß bei der Therapie besonders berücksichtigt werden. Es verspricht keinen dauerhaften Erfolg, wenn wir uns darauf beschränken, den Patienten soweit zu bringen, daß er seine Forderung in legitimer Weise anmelden kann. Die Kernstörung des reduzierten Objektbezuges muß gleichermaßen behoben werden.

Die *orale Frustration prädisponiert selbstverständlich auch zu anderen Vergehen als nur zu Eigentumsdelikten.* Wir müssen zur Klärung des Sachverhalts von folgender grundsätzlicher Feststellung ausgehen: Die Einordnung der sozialen Existenz ist ohne Triebverzicht nicht denkbar. Das souveräne Befinden des Ich darüber, ob, wann und wie ein Trieb befriedigt werden soll, verbunden mit dem Vermögen, Unlust zu ertragen und die Triebbefriedigung sinnvoll planend und vorausdenkend ins Lebensganze einzugestalten, begründet nach *Freud* die Werthaftigkeit der menschlichen Existenz. Die Fähigkeit, Unlust zu ertragen, ist aber nur in Polarität zur Hoffnung auf Triebbefriedigung, mit anderen Worten, auf Lust, möglich. Man könnte formulieren: Je nachhaltiger ein Mensch durch das „Prinzip Hoffnung" *(Ernst Bloch)* bestimmt wird, um so größer ist auch seine Frustrationstoleranz. Wo infolge andauernder oraler Frustration Hoffnung gar nicht erst aufkommen konnte, bildet sich auch die Fähigkeit zum Aufschieben der Triebbefriedigung nicht aus. Die Strebungen des Es schlagen unter Umgehung rationaler Kontrollinstanzen und emotionaler Sperren nunmehr den kürzesten Weg zur Befriedigung des oralen Bedürfnisses ein.

Bezüglich der Prophylaxe ergibt sich hieraus, daß man im ersten Halbjahr der Säuglingszeit, also während der oral-rezeptiven Phase *(Karl Abraham)*, von allzu starr festgelegten Fütterungszeiten Abstand nehmen sollte. Obschon man die Self-demand-Methode nicht wie eine Weltanschauung zu betreiben braucht, ist es doch absolut unsinnig, einen Säugling vor Hunger die ganze Nacht durchschreien zu lassen. Das Hungergefühl im ersten Lebensjahr ist nämlich in seiner Phänomenologie von dem des Erwachsenen sehr deutlich unterschieden. Normale Umstände vorausgesetzt, erlebt der Erwachsene den Hunger auch unter dem hoffnungsvollen Aspekt der künftigen Sättigung. Infolgedessen schwingt durch die innere Vorwegnahme der Triebbefriedigung beim Hunger — und besonders auch beim Durst — eine Lustkomponente mit, welche das Ertragen der an sich unlusthaften Bedürfnisspannung wesentlich erleichtert. Diese Vorwegnahme hat sich auf dem Hintergrund einer kontinuierlichen Erfahrung herausgebildet, die der Säugling noch nicht haben kann. Für ihn ist Hunger erst einmal reine Unlust, ganz ohne den Beitrag der Hoffnung auf Lösung dieser Bedürfnisspannung. Die fehlende Urerfahrung, daß die Unlust vorübergeht, bringt es leicht mit sich, daß während des gesamten späteren Lebens die Welt als verweigernd und bedrohlich, und die Existenz als gefährdet erlebt wird. Eine nicht unbeträchtliche Anzahl von Roheitsdelikten läßt sich bezüglich ihrer Genese dadurch erklären, daß der Delinquent sich einem diffusen Gefühl des Bedroht-Seins durch die Welt entledigen will. Die orale Frustration und die aus ihr resultierende Lebensangst löst oft aggressive Verhaltensweisen aus, für die man bei einem ersten Hinschauen keine Erklärung findet. Außerdem ist zu berücksichtigen, daß mit der unausgeprägten Objektbeziehung, welche die orale Frustration so oft begleitet, die innere Distanz zum Mitmenschen eingeschränkt ist; sie kann bei explosiven Durchbruchsreaktionen sogar völlig aufgehoben werden. Der Verlust der Ich-Du-Schranke bringt eine primitive Teilhabe am Anderen mit sich, welche individuelle Stellungnahmen und kritische Entscheidungen verunmöglicht.

Ob im gegebenen Fall zugleich mit der depressiven Strukturierung des Charakters eine Beeinträchtigung des intentionalen Antriebserlebens und eine Reduzierung des Objektbezuges mit gegeben ist, muß nicht ausschließlich anhand der tiefenpsychologischen Anamnese der frühen Kindheit ermittelt werden. Verfahren, wie der Baum-Test von *Koch*, die experimentelle Triebdiagnostik von *Szondi*, der Rorschach-Test und auch der *TAT* von *Murray*, liefern vor allem da wichtige Aufschlüsse, wo es nicht gelingt, eine ausführliche und sachlich ergiebige Anamnese zu erheben. Im kriminogenen Milieu ist dies in der Tat nicht immer möglich; teils sträuben sich die Eltern bewußt, oder sie hatten von jeher schon ein so geringes Interesse an ihren Kindern, daß sie deren Entwicklungsverlauf nicht die entsprechende Aufmerksamkeit geschenkt haben.

In anderen Fällen, zum Beispiel bei Adoptivkindern, lassen sich über das erste Lebensjahr oft überhaupt keine Daten erheben. Im Interesse einer breit angelegten Verbrechensbekämpfung wäre es wünschenswert, wenn die Jugendämter bei der Adoptionsvermittlung genaueste Auskünfte, vor allem über das erste Lebensjahr, einholen würden, um die Adoptiveltern entsprechend zu informieren. *Jeder, der ein Kind dauernd in Pflege nimmt, sollte dessen individuelle Störungsquelle kennen.* Daß man auch bei eigenen, leiblichen Kindern keine Gewißheit hat, wie sie geraten, ist ein Grund mehr, gerade bei Adoptivkindern, bei denen die Störungsmöglichkeiten noch viel größere und vielfältigere sind, auf der Hut zu sein; dies gilt vor allem dann, wenn zugleich auch eine minderwertige Veranlagung im Sinne einer degenerativen Faktorenstruktur mit auf den Weg gegeben wurde, wodurch die entwicklungsgefährdenden Momente sich noch potenzieren. Eine großzügig angelegte Aufklärung des Pflegepersonals in den Heimen wäre das Gebot der Stunde.

Seit den Forschungen von *Spitz* weiß man, daß beim acht Monate alten Säugling die Individualität der Mutter in ihrer Einmaligkeit und Unauswechselbarkeit erkannt werden muß. Die Mutter wird nun nicht mehr lediglich als ein vom Ich urgeschiedenes Anderes erlebt, sondern als unvertauschbar. Damit ist schon zum Schluß des ersten Lebensjahres eine feste Grundlage zur Anerkennung von Wert und Würde der personalen Existenz geschaffen.

In der Kriminalpsychologie sehen wir den Menschen mehr als in den anderen Unterdisziplinen unserer Wissenschaft als Sozialwesen. Infolgedessen ist es verständlich, wenn wir für die Prophylaxe der Kriminalität jenem Lebensjahr unsere ganz besondere Aufmerksamkeit gewidmet haben, in welchem die Sozialbeziehung aufgebaut wird. Die praktische Nutzanwendung wäre, neben der Aufklärung der Elternschaft, eine durchgreifende *Reform der Kinderheime,* der für das allgemeine Volkswohl mindestens die gleiche Bedeutung zukommt, wie der — gewiß auch notwendigen — Schulreform.

Zum Abschluß der Darlegungen über die orale Phase und die Objektbeziehung sei kurz ein Fall skizziert, bei dem auf dem Hintergrund einer depressiven Strukturierung infolge oraler Frustration auch die Objektbeziehungen beeinträchtigt waren:

Ein dreizehnjähriger, vorehelich geborener Junge, verbrachte seine ersten vier Lebensjahre ausschließlich bei der Mutter, die ihm jedoch infolge Berufstätigkeit nicht die notwendige Zuwendung schenken konnte. Der Vater des Jungen kam von Zeit zu Zeit in angetrunkenem Zustande zu Besuch. Gegen seinen Sohn empfand er einen so starken Widerwillen, daß er ihn als Säugling bereits verprügelte, wenn er eingenäßt hatte. Als der Junge fünf Jahre alt war, heirateten die Eltern endlich. Das gemeinsame Zusammenleben erwies sich jedoch als sehr unersprießlich. Später begann der Junge in der Schule zu versagen, zu streunen und zu stehlen. Seine Mutter beachtete er überhaupt nicht. Als unser Patient in die Vorpubertät kam, begann er den Vater zu schlagen, wobei er sich auch nicht ungefährlicher Werkzeuge bediente. Im Rorschach-Test zeigte sich eine manifeste Angstsymptomatik mit dem charakteristischen Gefühl des dauernden Bedroht-Werdens. Im gleichen Sinne fiel auch die Triebdiagnostik nach Szondi aus, wobei noch einige paranoide Züge zutage traten. Der Murray-Test (*TAT*) zeigte eine geradezu groteske orale Einstellung, verbunden mit massiven Objektverkennungen. So zum Beispiel wurde die Geige auf Bild 1 in ein Goldschürffeld umgedeutet. Der auf der Vorlage dargestellte Junge denkt nach, wie er zu dem Metall kommen kann, das in der Tiefe des Feldes verborgen liegt.

Auch die späteren Phasen der kleinkindlichen Entwicklung sind kriminalprophylaktisch relevant. Wir wenden uns jetzt dem zweiten Lebensjahr zu, welches „anale Phase" genannt wird, weil nunmehr der Sphincter ani innerviert werden kann. Das Kind wächst aber nicht nur mit der beginnenden Sauberkeitserziehung deutlich in unsere Kultur hinein, sondern viel mehr noch dadurch, daß die Umwelt jetzt nicht mehr allein gebend und spendend, sondern auch fordernd an das Kind herantritt. Man veranlaßt das Kind durch das Hergeben des Stuhles zur Leistung. Nicht von ungefähr spricht man vom „Geschäftchen". Im zweiten Lebensjahr hat das Kind eines der elementarsten Gesetze unserer Kultur zu erlernen, in der man nur dann etwas gilt, wenn man etwas leistet. Das Kind lenkt die Anerkennung der Erwachsenen auf sich und zieht sich deren Wohlwollen zu, wenn es den Stuhl willig und pünktlich hergibt, und zwar an dem Ort und zu dem Zeitpunkt, den die Erwachsenen bestimmen. Bisher nur ein Nehmender, soll es nun ein Gebender werden. Die erste Gabe ist der Stuhl. Angesichts der gespannten Erwartung der Erwachsenen lernt das Kind einsehen, daß das Geben zur rechten Zeit und am rechten Ort — und andererseits auch das Zurückhalten, nämlich, wenn das Kind nicht auf dem Töpfchen sitzt — etwas ungemein Wichtiges sein muß. Fernerhin lernt das Kind, daß es durch Abgeben, wo es zurückhalten sollte sowie durch Zurückhalten, wo Hergeben gefordert wäre, die Stimmung der Erwachsenen nachhaltig zu beeinflussen vermag. Insofern das Kind auf seinem „Thrönchen" Eigenmacht und Willkür entwickeln kann, ist die Analität in erster Linie ein Machtproblem. Wie man weiß, ist die Macht fast zwangsläufig mit der Gefahr ihres Mißbrauches verbunden (*Alexander Mitscherlich*). Wir haben dann wieder einen kriminogenen Faktor, nämlich den der Willkür, die sich über die Belange des Anderen, seine Erwartungen und Hoffnungen, rücksichtslos hinwegsetzt.

Bei der Bewältigung dieser Entwicklungsphase, in der sich das Machtstreben herausdifferenziert, kommt es sehr auf die richtige Einstellung der Erzieher an. Zuerst einmal ist dringend zu beherzigen, daß wir das Kind für sein „Geschäftchen" loben müssen. Anderenfalls besteht die Gefahr, daß es sich später zu einem Menschen entwickelt, dem Arbeit und Leistung nichts bedeuten. Daß eine solche Einstellung die soziale Eingliederung erschwert und auch in die Kriminalität hineinführen kann, liegt auf der Hand. Wichtig ist fernerhin der Hinweis, daß das Kind die Fäkalien als einen Teil seiner selbst erlebt. Ekel der Erziehungspersonen den Fäkalien gegenüber erlebt das Kind folgerichtigerweise als gegen sich selbst gerichtet. Kot abgeben ist für das Kind gleichbedeutend mit Selbsthergabe. Strukturell gesehen sind die untersten Dinge zugleich auch die obersten. Zu Anfang der Tabula Smaragdinea heißt es:

„In Wahrheit, gewiß und ohne Zweifel:
Das Untere ist das Obere,
Und das Obere ist das Untere."

In der Tabula Memphitica lautet der entsprechende Vers:

„Himmel oben und Himmel unten,
Sterne oben und Sterne unten.
Was dort oben, ist auch unten:
Solches nimm zu deinem Glück."

Der Mensch geht seinen Weg immer von unten nach oben. Der anale Trieb ist ambivalent; er ist Machttrieb und Trieb zur Selbstaufopferung zugleich. Wenn wir in der Erziehung dem Menschen das „Unten" verekeln, brauchen wir uns nicht zu wundern, wenn er „oben" nicht ankommt. Die geordnete anale Erziehung ist das Fundament nicht nur unter einem Sittenkodex, sondern auch der subtilen Gewissenbildung sowie des Taktgefühls, welches das Wann, das Wo und die Umstände einer Handlung konditioniert.

Neben der Gewissensbildung hat das zweite Lebensjahr jedoch vor allem deswegen eine so eminente kriminalprophylaktische Bedeutung, weil in dieser Phase das Eigenmachtstreben kanalisiert wird. Bei der analen Erziehung ist darauf zu achten, daß Zurückbehalten und Abgeben im rechten Gleichgewicht stehen. Ist die Fähigkeit, zurückzubehalten, zu verweigern, zu wenig entwickelt, sprechen wir von einer „retentiven Gehemmtheit". Solche Menschen können niemals nein sagen. Unter den Kriminellen entspricht ihnen der Typ des passiven Mitläufers ohne Eigenwillen. Auch der politische Verbrecher, welcher der Omnipotenz eines verderbten Staates hörig ist, gehört in diese Kategorie. Ist dagegen die Fähigkeit abzugeben beeinträchtigt, so entsteht daraus neben der Hingabestörung eine aggressive Gehemmtheit, welche in Versuchungssituationen die Gefahr aggressiver Durchbrüche heraufbeschwört. Solche Durchbrüche finden teilweise in unberechenbaren Jähzornshandlungen ihren Niederschlag, können sich aber auch als anale Haltung in einem herzlosen Sadismus bemerkbar machen. Analsadistisch kausierte Vergehen zeichnen sich zumeist durch eine besondere Hinterhältigkeit aus.

Auf der Erziehungsberatungsstelle wurde ein neunjähriger Junge vorgestellt, der nach außen hin alle Anzeichen einer aggressiven Gehemmtheit zeigte. Der Phänotyp der Persönlichkeit war durch Schüchternheit, Pedanterie, extremen Fleiß sowie auch durch die übertriebene Angst, sich zu beschmutzen, gekennzeichnet. Der Szondi-Test zeigte im Triebsektor „s" höchste Quantumspannung, im Rorschach zeigten sich gehäuft analsadistische Komplexantworten sowie zahlreiche DZw. Auffallend waren die zahlreichen Dd-Antworten, meist in Form von stechenden Objekten. — Der Junge hatte die Gewohnheit, seine Eltern dadurch zu quälen, daß er seine Exkremente heimlich in Wäschetruhen und Schränken absetzte. Dem Psychologen wurde er vorgeführt, nachdem er — zum Glück vergeblich — versucht hatte, seine schlafende Mutter mit einem Messer zu verletzen oder gar zu töten. Tatbestand und Testresultate entsprachen in keiner Weise dem friedfertigen und sanften Erscheinungsbild des Jungen. Selbstverständlich wurde nach einer eingehenden jugendpsychiatrischen Absicherung sofort eine entsprechende Heilbehandlung in einem dafür qualifizierten Heim eingeleitet. — Die Anamnese erbrachte eine starke Willkürhaltung der Eltern, die dem Jungen von klein auf eine Ausformung seines Machtstrebens erschwert hatten. Der Patient hatte schon in frühen Kinderjahren eingekotet, und der Irrweg, den der Junge gegangen ist, hätte sich sicher vermeiden lassen, wenn die Eltern den Weg zum Psychologen eher gefunden hätten.

Der analen Phase folgen frühödipale und phallische Phase. Hiervon ist besonders letztere kriminalpsychologisch interessant und kriminalprophylaktisch von Wichtigkeit. Faßt man diese beiden Unterphasen zusammen, so spricht man auch von einer „Ersten genitalen Phase". Sie ist durch sexuelle Neugier, den Drang, Geschlechtliches sehen zu wollen, gleichermaßen ausgezeichnet, wie durch das Bedürfnis, Geschlechtliches zeigen zu wollen. Durch die beginnende Kenntnis von der Verschiedenartigkeit der Geschlechter manifestiert sich die Geschlechterrolle, über die sich Junge und Mädchen mit spätestens fünf Jahren im klaren sein müssen. Die Geschlechterrolle entsteht durch Identifikation mit dem gleichgeschlechtlichen Elternteil. Eine Fehlidentifikation mit dem gegengeschlechtlichen Elternteil kann spätere Homosexualität zur Folge haben. In meiner Praxis hatte ich einen Homosexuellen, dem in der Kindheit die Identifikation mit der Männerrolle nicht gelungen war, weil der Vater des Patienten sich während dessen phallischer Phase in Kriegsgefangenschaft befand; andere männliche Beziehungspersonen standen nicht zur Verfügung, und der Junge wurde lediglich von Frauen aufgezogen. — Es bedarf keiner weiteren Erwähnung, daß bei einer Fehlidentifikation nicht zwangsläufig Homosexualität auftreten muß. Auf jeden Fall führt die Verfehlung der Geschlechterrolle beim Jungen später zu einer Überwertigkeit der Anima, zu einer

Weichheit also, welche die Durchsetzungskraft erheblich zu beeinträchtigen vermag. Das hat nun wieder Minderwertigkeitsgefühle mit der Gefahr des Ausweichens in kompensatorische Handlungen zur Folge, die — vornehmlich in der Pubertät — auch kriminell sein können.

Die Pflicht der Eltern soll es sein, während der ersten genitalen Phase die geschlechtliche Neugier der Kinder zu befriedigen. Ein Zuviel an Freizügigkeit ist hier sicher angebrachter, als eine bigotte Tabuierung der Sexualsphäre, die häufig zu persistierender sexueller Neugier bis ins Erwachsenenalter hinein führt.

Einer meiner Patienten ist ein Voyeur, der mittels eines Spiegels auf Rolltreppen Frauen und Mädchen unter die Röcke schaut. Außerdem betätigt er sich als „Spanner". Bemerkenswerterweise ist sein legitimes sexuelles Orientierungsbedürfnis derart gestört, daß er in äußerste Verlegenheit, verbunden mit religiösen Schuldgefühlen verfiel, als ich ihm, der anatomisch nicht einmal über ein Grundwissen verfügte, einen gynäkologischen Atlas zeigte. Von seinen Eltern war dieser Patient, der mittlerweile zweiunddreißig Jahre alt ist, niemals aufgeklärt worden. Er kam dann infolge Verwahrlosung der Mutter in ein von Ordensschwestern geleitetes Heim, wo man das Versäumte nicht nachholte.

Kennzeichnend für die phallische Phase ist ferner das Rivalisieren. Bekannt sind die sogenannten „Pinkelkämpfe", bei denen derjenige Sieger ist, der seinen Urinstrahl am weitesten lenken kann. Das Rivalisieren hat sein Fundament in dem Wettbewerb, den Vater und Sohn um die Gunst der Mutter antreten. Bleibt es erhalten, so schiebt sich der Geltungstrieb ungebührlich in den Vordergrund. Hierzu ein Fall:

Ein dreizehnjähriger Junge ließ sich nachtsüber in einem Kaufhaus einschließen, um sich einmal vollkommen neu einzukleiden. „Die Mitschüler sollten staunen!", verriet er mir als Motiv. Als der Junge sich in einem Spiegel in neuer Garderobe selbst bewunderte, bemerkte er, daß ein goldener Ring dem Ganzen erst den letzten Schliff geben würde. Er öffnete die Vitrine und löste dabei die Alarmanlage aus. Der eitle Geltungsdrang, verbunden mit dem Mangel an Planung und Voraussicht, zeigen, daß es sich bei dem kindlichen Täter um eine hysterische Charakterstruktur handelt. Selbstverständlich wurde diese Vermutungsdiagnose auch testologisch abgesichert.

Späteres Hochstaplertum kann hysterischen Ursprungs sein. In der phallischen Phase hat die Erziehung darauf zu achten, daß das Geltungsstreben mit angemessenen Mitteln befriedigt werden kann. Ein Vater klagte: „Meine fünfjährige Tochter muß überall die erste Geige spielen", und der Psychologe antwortete: „Wenn sie das mit einer Geige tut, ist alles in Ordnung". Die Erziehung muß hier auf Möglichkeiten sinnen, wie das Kind mit anderen in einen gesunden Wettbewerb treten kann, in dem es sich hervorzutun vermag.

Wenn wir bei unserer Darstellung des kleinkindhaften Phasenverlaufes auf kritische Punkte aufmerksam werden ließen, so soll das natürlich nicht besagen, daß die erwähnten Störungen unausweichlich spätere Kriminalität zur Folge haben müssen. Mit Ausnahme der strukturellen Verwahrlosung sind uns die psychologischen Bedingungen, welche zu einem Verbrechen determinieren, jedoch noch weitgehend unbekannt. Es ist daher verständlich, daß wir, wenn wir nach Ansätzen der Verbrechensprophylaxe in der Kindheit fragen, die verschiedenen Möglichkeiten abtasten müssen. Grundsätzlich kann gesagt werden, daß alle Maßnahmen, die eine neurotische Entwicklung zu verhindern trachten, zugleich auch geeignet sind, einem Abgleiten in die Kriminalität vorzubeugen. Lediglich ist bei der Kriminalprophylaxe der Akzent noch stärker auf die Milieusanierung zu setzen.

Kinder als Opfer

von *Gustav Nass*

Wie statistisch festgestellt ist, werden alljährlich über 1000 Fälle von Kindesmißhandlungen und Kindestötungen polizeilich ermittelt. Darin sind zwar die Fälle von Tötung nach Unzuchtdelikten enthalten, aber den größten Teil stellen die schweren Mißhandlungen und Tötungen als Folge von Mißhandlungen dar. Die Zahl der nicht bekanntgewordenen Fälle, die Dunkelziffer, muß um ein Vielfaches höher liegen, denn wer erfährt schon, welche tätlichen Affektausbrüche, die an Kindern ausgelassen werden, sich in den Wohnräumen ereignen.

Wir wollen im folgenden die eigentlichen Unzuchtdelikte, die an Kindern begangen werden, ausklammern, obgleich es sich auch bei diesen um Mißhandlungen, und seien sie zum Teil nur seelischer Art, handelt.

Aus einer Fülle von Bildmaterial, das hier leider nicht veröffentlicht werden kann, wurden einige Fälle ausgesucht, die beschrieben werden sollen, um die Art dieser Verbrechen vor dem geistigen Auge sichtbar werden zu lassen.

1. Fall

Es handelt sich um einen dreijährigen Jungen, der von seiner Mutter häufig mit einem Kleiderbügel geschlagen wurde. Die Bildaufnahme zeigt blutunterlaufene Striemen, die über den ganzen Körper, besonders auf den Unterleib, das Gesäß, auf Brust und Nacken verteilt waren. Das Kind hat auch zahlreiche Schläge auf den Kopf, das Schädeldach und ins Gesicht erhalten, so daß dieses entstellt war. Die Augen sind so verquollen, daß nur noch kleine Sehschlitze vorhanden zu sein scheinen. Die Schläge auf den Kopf führten zur teilweisen Erblindung des Kindes.

Das Kind ist unehelich geboren. Die Mutter, eine leicht reizbare und erregbare Frau, war übernervös, unbeherrscht, übertrug ihren Zorn über den Kindesvater auf das Kind und mißhandelte es bei jeder kleinsten Gelegenheit, die sich ihr bot. Das Kind befindet sich jetzt in einem Heim.

2. Fall

Das Foto dieses 3 Jahre alten Kindes, eines Jungen, ist unbeschreiblich. Die Mutter, eine Prostituierte, lebte längere Zeit in einem Bordell, wo sie ein relativ bequemes und zufriedenes Dasein hatte. Als sie schwanger wurde, verließ sie das Bordell. Nach der Geburt des Kindes wurde sie mit dem Leben nicht fertig. Ihre Auseinandersetzungen mit den alltäglichen Schwierigkeiten hat sie auf das Kind übertragen. Diese steigerten sich plötzlich derart, daß das Kind innerhalb von zehn Tagen schwer mißhandelt wurde, und zwar gegen die Wand geworfen und mit den Fäusten geschlagen. Die Gliedmaßen des Kindes sind nur noch schwer beweglich, beide Unterschenkel verkrüppelt. Eine Hirnblutung hatte fast völlige Erblindung zur Folge. Ein zweites Foto zeigt den Jungen 4 Jahre später im Rollstuhl sitzend mit zwar geöffneten Augenlidern, aber die Augen können nichts wahrnehmen. Die Kindesmutter wurde mit vier Jahren Gefängnis bestraft.

3. Fall

Ein fünfjähriger Junge. Er soll angeblich Neigung zum Lügen und Stehlen gezeigt haben; so wurde von der Mutter die schwere Mißhandlung begründet. Er soll sogar Handschuhe gestohlen haben, was nicht nachprüfbar war. Das Foto zeigt einen mit blutunterlaufenen breiten Streifen bedeckten Körper und ein bis zur Unkenntlichkeit geschwollenes Gesicht.

4. Fall

Ein 3 Jahre altes Mädchen mit erheblichen Verletzungen, besonders am Unterleib, auf dem Gesäß und in der Gegend der Schamspalte. An einigen Körperstellen sind Brandwunden sichtbar. Die Mutter hat das Kind durch einen Fußtritt mit spitzem Schuh in den Unterleib schwer verletzt und dann auf einen heißen Heizkörper gestellt. Das unehelich geborene Mädchen war zunächst in einem Heim untergebracht und dann von der Mutter wieder übernommen worden. Affektausbrüche, deren Ausgangspunkt Minderwertigkeitsgefühle der Mutter waren, führten zu Mißhandlungen des Kindes. Die Mutter gab als fingierten Grund an, das Kind habe zu langsam gegessen.

5. Fall

Das Foto zeigt einen vierjährigen Jungen, dessen Füße und Brust mit Brandwunden bedeckt sind. Eine Verdickung an der rechten Stirnseite sieht wie eine Beule aus, ist aber in Wirklichkeit eine Dauerschädigung des Schädels, die eine teilweise Erblindung zur Folge hatte. Das Kind ist von seiner Mutter an einen glühenden Ofen gehalten und an die Wand geworfen worden.

6. Fall

Ein fünfjähriger Junge mit blutunterlaufenen Striemen am ganzen Körper. Das Gesicht ist entstellt. Das Nasenbein und der Zwischenkiefer sind zertrümmert, gespalten, so daß es aussieht, als hätte das Kind eine Hasenscharte. Das Gesicht ist verquollen, die Augen sind zugeschwollen.

Wir könnten die Reihe fortsetzen, aber die Beschreibungen würden sich wiederholen. Die beschriebenen Bilder gleichen sich mehr oder weniger. Für den Laien ist es unvorstellbar und auch unerklärlich, wie sich Eltern, in unseren Fällen waren es allerdings meist Mütter, in ihren Affekten so hinreißen lassen konnten.

Wenn wir die uns bekanntgewordenen Fälle von Kindesmißhandlungen überblicken und nach den festgestellten Ursachen ordnen, so ergeben sich folgende Gruppen:

1. Sadismus. Dieser kann sich als sexuelle Abartigkeit sowohl eines Elternteils als auch beider zeigen. In letzterem Falle wird die Mißhandlung von beiden Elternteilen gemeinsam vorgenommen, und sie befriedigen ihre sexuelle Lust. Es kann aber auch vorkommen, daß die sadistische Betätigung von einem Elternteil ausgeht und der andere sexuell hörig ist und sich an den Mißhandlungen beteiligt. Beispiel: Ein Kindesvater legte seine unbekleidete neunjährige Tochter über einen Tisch, veranlaßte die Ehefrau, das Kind festzuhalten, manchmal auch festzubinden und schlug es mit einem Riemen, wobei er sexuelle Lust empfand. Diese wurde gesteigert und anschließend der Verkehr mit seiner Ehefrau ausgeführt.

2. Kindesmißhandlungen erweisen sich ferner als *Handlungen im Affekt* mit verschiedenen Teilursachen, z. B.

a) Die Erwerbstätigkeit der Kindesmutter belastet diese in einem nicht mehr erträglichen Maße, so daß die nervöse Reizbarkeit derart gesteigert wird, daß Aggressionen gegen ein Kind abreagiert werden. In einem Falle lag folgende Situation vor: Die Mutter war eine Ehefrau mit 13 Kindern. Der Vater war ein notorischer Faulpelz. Die seelische Widerstandskraft der Mutter war infolge langer Überbelastung verbraucht, die Reizbarkeit in einem Maße erhöht, daß es zu Mißhandlungen kam, wenn die Spannungen infolge der Nöte und Sorgen das erträgliche Maß überschritten. Die Mißhandlungen eines Kindes, das durch sein Verhalten zum Reizauslöser wurde, bildeten das Ventil für die aufgeladenen aggressiven Stauungen.

b) *Folgen von Kriegsverletzungen,* insbesondere Hirnschädigungen, haben meist eine leichte Reizbarkeit zur Folge, die häufig von Wettereinflüssen abhängig sein kann. Oft bilden auch die Hirnverletzungen nach Schädelbasisbruch infolge von Verkehrsunfällen die Ursachen solcher Reizzustände, die bei geringsten Anlässen auf Kinder entladen werden, besonders wenn Kinder die Ruhe eines empfindlich

Hirngeschädigten stören. Auch Jähzornige und leicht erregbare Psychopathen können für Kinder gefährlich werden.

3. Kindesmißhandlungen kommen sowohl in als auch außerhalb der Familie *in Verbindung mit Unzuchthandlungen* vor, wenn z. B. Notzuchtverbrechen an nichtgeschlechtsreifen Mädchen begangen werden, die mit erheblichen Verletzungen der Geschlechtsorgane verbunden sind. In einer westdeutschen Großstadt sah ein Autofahrer ein vierjähriges Mädchen vor dessen Haustür, hielt an, ergriff das Mädchen, trug es in den Keller, mißbrauchte es, ließ das schwerverletzte Kind hilflos liegen und raste mit seinem Auto davon. Das Kind mußte sofort operiert werden. Es trug einen dauernden körperlichen Schaden davon. Der Täter ist bis heute, 5 Jahre nach der Tat, noch nicht gefaßt. — Ein anderes Beispiel innerhalb der Familie: Ein Vater flößte der 13jährigen Freundin seiner Tochter Alkohol ein, dann entkleidete er das Mädchen und hantierte mit einer Stricknadel an dessen Geschlechtsteil, wobei er diesem nicht unerhebliche Verletzungen zufügte.

4. Im Zustande der *Trunkenheit* werden bei manchen sonst friedlichen und ruhigen Menschen latente Aggressionen manifest. Die Ansprechbarkeit bestimmter Zentren durch Rauschgifte ist individuell verschieden. Jedenfalls können im familiären Zusammenleben friedliche und verträgliche Menschen im Zustande des Alkoholrausches zu unerträglichen Störenfrieden des Familienlebens werden. Die einmalige Entgleisung mag noch hingenommen werden; wenn ein Elternteil aber zum Trinker wird und die Familie wiederholt drangsaliert, dann wird dieser Zustand unerträglich. Die aggressive Entladung erfolgt oft in der Richtung, in welcher der geringste Widerstand zu erwarten ist, und das ist dann meist das wehrlose Kind, während ältere Kinder, etwa Söhne im Alter von Heranwachsenden oder Erwachsenen sich des aggressiven Trunkenboldes zu erwehren wissen (Totschlag!).

5. Eine weitere Gruppe von Kindesmißhandlungen läßt sich nach ihrer Ursache als *Übertragungshandlung* erklären. Hierfür drei typische Beispiele:

a) Eine Mutter mißhandelt ihre achtjährige Tochter bei jeder sich bietenden Gelegenheit aus nichtigem Anlaß. Die schweren Mißhandlungen werden in der Schule entdeckt. Die Exploration der Mutter, die bereits in zweiter Ehe zwei Kinder hat, ergibt, daß sie ihre Abneigung gegen den geschiedenen Ehemann auf das gemeinsame Kind überträgt und die eigentlich dem Kindesvater zugedachten Aggressionen auf das Kind entlädt und sich dadurch zeitweilig von dem zornmütigen Drangzustand befreit.

b) Ein Vater warf sein Kind aus dem Fenster auf die Straße, wo es schwerverletzt von Passanten aufgefunden wurde. Der Kindesvater wollte mit dieser unmenschlichen Tat die Kindesmutter, seine Ehefrau, treffen und diese seelisch tief verletzen.

c) Die Geliebte eines verheirateten Mannes brachte dessen sechsjährigen ehelichen Sohn um, als er sich nicht von seiner Ehefrau scheiden lassen wollte.

Diese 3 Fälle, die sich innerhalb eines Jahres in einer Großstadt zugetragen haben, besitzen, wie oben bereits erwähnt, das gemeinsame Merkmal der Übertragung der Aggressionen, die einem Dritten unbewußt zugedacht waren, aber auf das wehrlose und erreichbare Ersatzobjekt abgeleitet wurden.

6. Es kann auch vorkommen, daß das eheliche Zusammenleben durch eine ins Krankhafte gesteigerte Eifersucht eines Partners oder beider gestört wird. Die Eifersüchteleien gehen in einen permanenten Reizzustand über, welcher einen aggressiven Spannungszustand erzeugt, der sich auf die schwächsten Kinder entlädt. Ein solcher Zustand hält so lange an, wie sich die Eltern gemeinsam in der Wohnung befinden und klingt nach der Trennung, auch schon durch die Abwesenheit während der außerhäuslichen Arbeitszeit, ab; der Reizzustand lädt sich in der Familie beim Zusammensein der Ehepartner wieder auf. Fortgesetzte Kindesmißhandlungen sind die Folge. Wenn nicht die Nachbarn oder die Erziehungspersonen in Schule und Kindergarten Mißhandlungen entdecken, bleibt das Martyrium der Kinder unerkannt. Sie gewöhnen sich daran, weil sie nichts anderes kennen und finden das schließlich in der Ordnung. Schlagende Väter, keifende Mütter werden zum Leitbild, und es besteht die Gefahr, daß die Kinder das Verhalten der Eltern in der späteren eigenen Ehe ganz oder teilweise nachahmen.

7. Eine in unseren Fällen letzte und vielleicht die häufigste Ursache von Kindesmißhandlungen ist die *Unfähigkeit* der Eltern zur Erziehung. Nicht jedem Elternteil ist die Fähigkeit zur Erziehung von Natur gegeben. Es gibt zwar mütterliche Mütter und väterliche Väter, aber es gibt auch ebenso völlig ungeeignete Väter und Mütter, deren menschliche Qualitäten nicht ausreichen, um die in die Welt gesetzten Kinder aufzuziehen, bei denen der Fürsorgetrieb unterentwickelt ist und welche in Ermangelung dieser Triebkraft es als eine Last empfinden müssen, die unterentwickelte Triebkraft durch Einschränkung und Verzicht auf andere Triebbefriedigung zu kompensieren. Nach einer Erhebung, welche vom Münchener Jugendinstitut veranstaltet wurde, waren von den in Heimen untergebrachten Kindern 39 % der Mütter, 21 % der Väter und 29 % beider Elternteile erziehungsunfähig. Diese Zahlen sprechen eine deutliche Sprache. Sie lassen einen erheblichen Mangel erkennen und noch eins: sie lassen ahnen, wie groß der Mangel an erzieherischen Fähigkeiten überhaupt sein muß; denn diese Zahlen beziehen sich ja nur auf Heimkinder. Wenn letztere auch wohl eine Auslese darstellen, bei der sich die

erzieherischen Mängel auf die Kinder sichtbar ausgewirkt haben müssen, so darf man daraus noch lange nicht den Schluß ziehen, daß es bei den Eltern der nicht aufgefallenen Kinder erzieherisch zum besten bestellt wäre.

Nachdem wir unsere Fälle nach Ursachengruppen unterschieden haben, gehen wir nun zu einer Darstellung aus einer anderen Sicht über, und zwar zu einer sozialpsychologischen Betrachtung der Ehe- und Familiengründung. Auch hier können wir die Reihe der bekanntgewordenen Fälle gruppieren, z. B.

1. Mord an einem Kinde durch die Eltern, die es als überflüssig oder als Störenfried empfinden; als Störenfried nicht etwa, weil es durch sein Verhalten störte, sondern sein Dasein eine Last, eine Störung bedeutete.

2. Ähnlich liegt der Fall, in welchem ein solches Kind als Kleinkind in eine neue Ehe mitgebracht wird, sei es als uneheliches Kind, das nun einen Stiefelternteil erhält, oder ein eheliches Kind aus einer durch Tod oder Scheidung aufgelösten Ehe. Hierauf ist näher einzugehen.

Wenn der Stiefelternteil das Kind nicht annimmt, ihm keine väterlichen bzw. mütterlichen Gefühle entgegenbringen kann, dann bleibt ein solches Kind in Wirklichkeit „Halbwaise". Die Ablehnung dieses Kindes durch den Stiefelternteil beruht meist darauf, daß der neue Ehegatte nicht die für eine Familiengründung erforderliche Reife mitbringt. Die Motive zu einer solchen Eheschließung beruhen dann nicht auf Liebe, und der neue Ehegatte ist auch nicht bereit, das, was zur Liebe gehört, nämlich den sozialen Bezug, die Übernahme von Pflichten und Verantwortung in der Ehe, zu tragen. Wenn man die Motive der Eheschließung erforscht, so ergibt sich meist ein trübes Bild, wie in so vielen Fällen, die früher oder später scheitern; nämlich die Ehe wurde geschlossen,

a) weil der Ehepartner einen besonderen geschlechtlichen Reiz ausübte, oder

b) weil der neue Ehepartner ein fertiges Nest vorfand und es höchst bequem für ihn war, sich nun in ein solches zu setzen. Das Vorhandensein eines kleinen Kindes wurde dabei zunächst übersehen; man nahm es schließlich in Kauf und würde schon damit fertig werden. In Wirklichkeit war sich der neue Ehepartner gar nicht darüber klar, daß er mit der Ehe auch Pflichten und Verantwortung für das bereits vorhandene Kind übernehmen und es dabei in die Liebe zu seinem Ehegefährten einschließen müßte. Er entdeckt also bald, daß das von dem Ehepartner eingebrachte Kind eigentlich gar nicht in die Ehegemeinschaft gehört. Es wird von ihm nicht angenommen; es bleibt außerhalb der ehelichen Gemeinschaft. Ein solches Kind ist ein bedauernswertes Geschöpf, denn es bleibt, obgleich es sich eigentlich in einer Familie befindet, von dieser ausgeschlossen. Da es aber zur seelischen Entwicklung eines Kleinkindes notwendig ist, in der Familie, in der es lebt, geliebt zu werden, wird die seelische Entwicklung gestört, ja sie kann zurückbleiben. Das Kind braucht Zärtlichkeit, die ihm in solchem Falle von einem Teil der Eltern versagt ist. Es wird sich dem Elternteil, von dem es eingebracht ist, nur um so mehr mit Zärtlichkeitsverlangen zuwenden. Das bedeutet aber Zeitverlust für die Gemeinsamkeit mit dem neuen Ehepartner und erregt dessen Unzufriedenheit und Unwillen. Das Kind, das doch nichts anderes will, als sein natürliches Zärtlichkeitsbedürfnis stillen, welches für sein seelisches Gedeihen ebenso notwendig ist wie die körperliche Nahrung, wird nun zunächst von dem neuen Ehepartner als Störenfried empfunden. Der leibliche Vater bzw. die leibliche Mutter geraten in einen Konflikt. Sie spüren die Eifersucht auf das Kind. Diese macht sich in Unmutsäußerungen Luft. Der Konflikt schwelt gewöhnlich lange Zeit unter der Oberfläche, wenn auch noch eine ganze Weile hindurch versucht wird, dem Verlangen des neuen Ehepartners Rechnung zu tragen und ausgleichend zu wirken. Das Kind fühlt den Konflikt. Es wird bei dem Kompromiß der Eltern meist vernachlässigt.

Die Wirkung dieser psychischen Konfliktsituation geht in zwei Richtungen: erstens auf das Kind. Es wird in seiner Entwicklung gehemmt, in seinem Wohlbefinden beeinträchtigt, in seiner Stimmung gedrückt. Je länger der Konflikt andauert, desto mehr breitet sich die unlustvolle Stimmung auf das Gemüt des Kindes aus. Ein solches Kind kann nicht fröhlich sein. Kein Lachen strahlt mehr über sein Gesicht. Man muß solche von den Eltern vernachlässigten Kinder, denen die Liebe entzogen wurde, gesehen haben, ihre traurigen Augen, ihr allmähliches Abstumpfen. Solche Kinder schlafen unruhig, schreien in der Nacht und stören den Schlaf der Eltern.

Die zweite Richtung der Konfliktwirkung geht zur leiblichen Mutter bzw. zum leiblichen Vater. Der leibliche Elternteil befindet sich in einem Zwiespalt zwischen Kindesliebe und Gattenliebe. Er erfährt dabei eine bittere Enttäuschung, weil er glaubte, das eingebrachte Kind würde angenommen und in die Liebe eingeschlossen. Es wird zunächst versucht, einer Enttäuschung dadurch auszuweichen, daß die Liebe des Kindes zu erhalten erstrebt wird. Doch das gelingt nicht, weil es auf die Dauer nicht heimlich geschehen kann, und heimlich müßte es schon sein, weil sonst der auf die Liebe zum Kinde eifersüchtige Ehepartner mit Gegenreaktionen antworten würde. Das möchte man verhindern, also geschieht es heimlich. Der leibliche Elternteil fürchtet, die Gattenliebe zu vernachlässigen und wird dabei unsicher. Das Verhältnis der Ehepartner zueinander wird durch ein Geheimnis belastet, das sich auf die Dauer nicht verbergen läßt, vor allem dann nicht, wenn wegen häuslicher und beruflicher Belastungen beider Ehegatten für die Liebeszuwendung zum Kinde wenig Zeit übrig bleibt. Eine Ehe kann nicht harmonisch bleiben, wenn einer der Ehegatten ständig ein Geheimnis vor dem anderen mit sich herumträgt und glaubt, etwas dem anderen nicht Erwünschtes zu tun, also dem Kinde etwa viel Liebe zuzuwenden. Der leibliche Elternteil lebt in einer ständigen Anspannung, in einem inneren Konflikt, aus dem es keinen Ausweg gibt. Versuche einer Aussprache mit dem Ehegatten machen diesen erst auf den Fehler, den er mit der Eheschließung beging, indem er seine Verantwortung für die Familie nicht bedachte, besonders aufmerksam. Er gibt seinen Fehler zwar nicht zu, aber seine gefühlsmäßige Reaktion ist entsprechend. Der Versuch des leiblichen Elternteils, durch eine Aussprache eine Entlastung von dem schweren inneren Druck herbeizuführen, scheitert und führt beiderseits zur Enttäuschung; des leiblichen Elternteils in der Erkenntnis, daß sein Kind nicht in die Liebe einbezogen wurde und daß daher keine echte Liebe die Grundlage der Ehe ist; des Stiefelternteils, daß dieses Kind eine unnütze Belastung ist, die er nicht zu tragen gewillt ist, und daß schließlich die Wahl eine falsche war. Der offene Konflikt ist da. Wie kann er gelöst werden?

Um zu einer vernünftigen Lösung zu kommen, die menschlich gesehen richtig wäre, nämlich Pflichten und Verantwortung durch Liebe auf sich zu nehmen, sind beide Teile zu egoistisch. Der eine will auf sein Liebesnest, das in Wirklichkeit vielleicht nur eine Geschlechtspartnerschaft oder auch nur eine Unterkunft ist, nicht verzichten, der andere will sein Kind nicht preisgeben, jedoch das eheliche Verhältnis weiterführen. Dieser Konflikt führt zu immer größeren Spannungen, die aufgeladen werden und sich wie in unseren Beispielen in Aggressionen entladen. Man ahnt auf beiden Seiten die Ursache: das Kind; also entlädt sich die Spannung auf das Kind. Das bedeutet, je nach Alter, daß von dem Kind immer mehr Reizauslösungen ausgehen. Das Kind ist im ersten und zweiten Lebensjahr unbeholfen, krabbelt herum, verschüttet etwas, erscheint dort, wo es nicht sein soll, und richtet im unbewachten Augenblick einen kleinen Schaden an. Schon das ständige Bewachen des Kleinkindes wird als Belastung empfunden. Jede Ungeschicklichkeit wird zur Missetat, die wie bei einem Erwachsenen bestraft werden muß. Bei der Bestrafung entlädt sich nun die aufgestaute Spannung in der Motorik des Schlagens; zuerst die Spannung des einen Elternteils, dann die beider. Wird das Kind etwa krank und bedarf es der Pflege, so wird auch diese als Störung empfunden. Schreit das Kind nachts, weil Schockerlebnisse bei der Bestrafung von ihm noch nicht verarbeitet werden können, so werden die im Schlaf gestörten Eltern noch mehr gereizt. Es kommt zu ungesteuerten Wutausbrüchen, die im Halbschlaf der Eltern um so gefährlicher sind, als sie ihren Affekt im halbwachen Zustand kaum noch bremsen können. Die Kindesmißhandlungen nehmen zu.

Ist das Kind im ersten Trotzalter, so reagiert es auf Vorwürfe und Bestrafung mit Trotz. Dieser fordert zur Anwendung schärferer Strafen heraus, weil man glaubt, den Trotz endgültig austreiben zu müssen. Der Elternteil sieht sich in seiner strafenden Autorität angegriffen und reagiert mit heftigen Emotionen, sogar mit Haß, als wenn er durch einen Erwachsenen schwer beleidgt worden wäre. Solche Emotionen, die aufgestauten Haß zur Entladung bringen, führen zu schwersten Mißhandlungen, manchmal mit Todesfolge.

Der permanente Haßzustand eines Elternteils — es können nun auch durch Übertragung beide Elternteile sein — läßt es nicht zu, menschliche Regungen dem Opfer gegenüber aufkommen zu lassen. Man läßt das schwer mißhandelte Kind hilflos liegen, wimmern und gar hungern, geht zur Arbeit, als wenn nichts geschehen wäre. Der Affekt ist ja zur Entladung gebracht, und mit der Wohnungstür hat man das alles hinter sich abgeschlossen. Sind die Eltern so weit gekommen, dann ist der Tod des gehaßten Kindes nur eine Frage der Zeit. Stirbt es nicht an den Mißhandlungen, dann hilft man ein bißchen nach und tötet es. Dieser Schritt ist von dem vorherigen nicht weit entfernt. Permanentes Quälen ist noch schlimmer als Töten. Es zeigt Sadismus und bringt eine geschlechtliche Komponente in diese Taten hinein, die besonders gegenüber größeren Kindern, etwa Mädchen, die sich in der Vorpubertät befinden, in Erscheinung tritt.

Was können wir über die Täter aussagen, die ihre Kinder mißhandelt haben? Ursula Mende und Heidi Kirsch haben in einem Forschungsbericht des Deutschen Jugendinstituts einige Zahlen hierüber gebracht. Nach ihren Erhebungen liegt das Alter der Täter zwischen 30 und 40 Jahren. Ihre Schulbildung ist bei 66 % Volksschule mit Abschluß, bei 21,7 % Volksschule ohne Abschluß, bei 4,12 % Sonderschule und bei 8,24 % Gymnasium. Der Beruf der Väter ist bei 40 % Hilfsarbeiter oder Angelernter, der Mütter bei 10 % Gelernte, bei 21 % Hausfrau und bei 61 % ohne Angabe. Allgemein wurde festgestellt, daß die Täter in ihrem Beruf wenig erfolgreich waren. Vorstrafen hatten von den Vätern 50,5 %, von den Müttern 28,3 %. In dem Forschungsbericht wurde ferner mitgeteilt, daß zwischen Frühehe und Mißhandlung kein Zusammenhang besteht. Bei den Gemeinschaftstätern, nämlich Vater und Mutter gemeinsam, war das Bildungsniveau niedrig, auch die Stellung im Beruf. Es ist interessant, daß die Täter erst drei- bis viermal angezeigt worden waren, bis Anklage gegen sie erhoben wurde. 11,55 % waren Wiederholungstäter. Nach Mende/Kirsch blieben 11,11 % der mißhandelten Kinder in der Familie, wurden aber von der Erziehungsberatung betreut. 5,55 % wurden stationär behandelt. Die Frage, ob die Mißhandlung in bestimmten Altersphasen Einfluß auf die spätere Entwicklung hat, wurde von Mende/Kirsch dahingehend beantwortet, daß 46 % als schwach begabt, debil, imbezil oder geistig zurückgeblieben seien, 2 % bereiten Erziehungsschwierigkeiten, 6 % waren lernbehindert, 20 % wiesen Kontaktstörungen auf, 12 % hatten dauernde körperliche Schäden davongetragen, nur 12 % zeigten keine neurotischen Symptome.

Zur Prophylaxe: Es fragt sich, wie man solche Verbrechen verhindern könnte. Es ist wohl notwendig, daß eine gründliche und breite Aufklärung der Öffentlichkeit erfolgt. Die Öffentlichkeit sollte aufgerufen werden, bei der Aufklärung und Entdeckung von Kindesmißhandlungen Hilfestellung zu leisten. Es bleibt aber noch mehr zu tun notwendig, nämlich dort anzusetzen, wo die Atmosphäre in einer Familie zur Gefährdung des leiblichen Wohlergehens der Kinder führt, d. h. wo eben das Kind zum Übertragungsobjekt oder zum Reizauslöser aggressiver Tendenzen wird, und das kann durch Hinweise auf die Möglichkeit der Elternberatung und ähnlicher Institutionen geschehen, ferner durch Elterngruppenarbeit, durch fürsorgerische Betreuung der Familie usw. Die Nachbarn und auch die Erziehungspersonen in Schule und Hort müssen sich für das Schicksal der ihnen anvertrauten fremden Kinder mitverantwortlich fühlen. Wenn alles nichts hilft, dann ist die Wegnahme der Kinder aus einer Familie mit unfähigen Eltern beschleunigt zu veranlassen. Schließlich ist auch eine sorgfältigere Auswahl der Pflege- und Adoptiveltern und deren Unterweisung in den wichtigsten Kenntnissen aus der Erziehungskunde notwendig. Es darf z. B. nicht vorkommen, wie kürzlich in einem Kindermordprozeß bekannt wurde, daß eine Adoptivmutter ihren 19 Jahre alten Adoptivsohn badet.

Wichtig ist für die Eheberatung bei solchen Partnern, die ein Kind in die künftige Ehe einbringen, folgendes: Die Eltern, deren Töchter uneheliche Kinder haben oder geschieden bzw. verwitwet sind, das gilt auch für Söhne, sollten bei einer Eheschließung sorgfältig prüfen, ob der künftige Ehegatte wirklich bereit ist, das eingebrachte Kind anzunehmen. Jeder Mann und jede Frau, die ein Stiefverhältnis für Kinder eingehen, sollten gründlich überlegen und sich prüfen, ob sie in die Liebe zu ihrem Partner auch das künftige Stiefkind voll einbeziehen können. Nur dann ist eine harmonische Ehe gewährleistet, und dann bleibt dem Stiefkinde das Gefühl des Unerwünschtseins. das eine unerfreuliche Kindheit begleitet, erspart.

Literatur

Nau, E.: Persönlichkeiten der Täter und Opfer bei Kindesmißhandlungen, Berliner Berufsverband der Sozialarbeiter 1961.

Schleyer, F.: Studien über das Delikt der gewalttätigen Kindesmißhandlung, Monatsschrift Kriminol., 1958.

Stutte, H. und Stutte, M.: Das Problem der Prävention von Gewaltverbrechen an Kindern, insbesondere durch psychisch abnorme Täter, Münchener med. Wochenschrift, 1965.

Trube-Becker, E.: Die Kindesmißhandlung in gerichtlich medizinischer Sicht, Zeitschrift gerichtl. Medizin, 1964.

Ullrich, W.: Die Kindesmißhandlung in strafrechtlicher, kriminologischer und gerichtsmedizinischer Sicht, Hermann Luchterhand Verlag, Berlin 1964.

Fink, B.: Das Delikt der körperlichen Kindesmißhandlung, Kriminalistik Verlag, Hamburg 1968.

Mende, U. und Kirsch, H.: Beobachtungen zum Problem der Kindesmißhandlung. Deutsches Jugendinstitut München, 1968.

Die Problematik von Glaubwürdigkeitsuntersuchungen

von *Manfred Bott-Bodenhausen*

Die Richtigkeit von Gutachten auf Grund von Glaubwürdigkeitsuntersuchungen ist ebenso wie die von Gutachten, die sonstige seelische Gegebenheiten zum Inhalt haben, zuweilen problematisch. Dieses insbesondere deswegen, weil Fehlerquellen, die das Ergebnis der Gutachten beeinflussen können, nicht ausreichend berücksichtigt werden. Diese Fehlerquellen sollen hier behandelt werden.

Im allgemeinen werden die Personen, über die ein Glaubwürdigkeitsgutachten abgegeben werden soll, bereits als Zeugen vernommen worden sein, bevor sie vom Gutachter untersucht werden. Die Probanden sind also durch die vorangegangene Vernehmung vorgeprägt. Diese Vorprägung kann durch verschiedene Umstände verursacht worden sein.

Gute Zeugenvernehmungen sind bekanntlich eine Kunst, und weil sie eine Kunst sind, werden sie, wie die Erfahrung lehrt, nicht von jedermann, der mit solchen Vernehmungen beauftragt ist, beherrscht. Im Gegenteil, wirklich gute Vernehmungen sind eine Seltenheit. Jede Vernehmung neigt nämlich dazu, Fehler zu begehen, und nur durch ein ausreichendes Verständnis für diese Gefahr können solche Fehler verhindert oder wenigstens wesentlich eingeschränkt werden.

Diese liegen u. a. darin, daß die objektive Richtigkeit der Zeugenaussage durch die subjektive Einstellung des Zeugen bei der Wahrnehmung des betreffenden Sachverhaltes, bei der Erinnerung an ihn und bei der Formulierung der Aussage beeinflußt werden.

Die besondere Art der Mentalität des Wahrnehmenden verarbeitet das Wahrgenommene in einer subjektiven Weise. Objektiv Unwichtiges wird subjektiv von ihm als wichtig erlebt und bei der Aussage entsprechend überbetont. Wichtiges wird aus gleichem Grunde unterbetont, und gewisse Vorgänge werden aus subjektiven Gründen evtl. überhaupt nicht wahrgenommen oder so verbogen, daß sie nicht objektiv zutreffend erinnert werden. Das, was als Erinnerungsbild haften bleibt, ist also gegenüber der objektiven Wirklichkeit vielfach bereits in mehr oder weniger großem Umfang verändert. Wahrnehmungs- und Gedächtnismängel des Zeugen, wie Schwerhörigkeit, Farbenblindheit, Schreckhaftigkeit, Zerstreutheit, schlechtes Gedächtnis u. ä. beeinflussen häufig die objektive Richtigkeit der Aussage.

Aber auch der Vernehmende übt einen Einfluß auf das Vernehmungsergebnis aus. Der Vernommene wird nämlich durch ihn in einer bestimmten Weise konstelliert, und diese Art der Konstellierung kann die Aussage unbeabsichtigt wesentlich beeinflussen. Der Vernehmende hemmt unbewußt evtl. den Zeugen bei seiner Aussage. Dieser verschweigt daher das, was er im Grunde aussagen müßte, weil Angstgefühl, Geltungsbedürfnis, Befangenheit u. a., durch den Vernehmenden hervorgerufen, den Vernommenen bei seiner Aussage beeinflussen. Umgekehrt wird etwas bekundet oder besonders unterstrichen, weil der Vernehmende entsprechende Mitteilungen offenbar gerne bekundet haben möchte. Wenngleich solche Einflüsse regelmäßig nicht bewußt, sondern nur unbewußt oder halbbewußt erfolgen, sind sie deswegen für die Richtigkeit der Zeugenaussage von keiner geringeren Bedeutung.

Auch bei der Formulierung oder Protokollierung spielen nachträglich unkontrollierbare Einflüsse eine Rolle. Der Vernommene ist häufig nicht geschult, um das, was er zum Ausdruck bringen möchte, schnell und zutreffend zu formulieren, und der Vernehmende, sei es aus Ungeduld, sei es aus dem Bemühen, dem Zeugen zu helfen, schlägt oft eine Formulierung vor, die, vom Standpunkt des Vernommenen aus gesehen, das von ihm zu Bekundende nur ungefähr zutreffend ausdrückt, nicht aber genau. Um den Vernehmenden jedoch nicht ungeduldig zu machen, oder weil es ihm unangenehm ist, mit der eigenen Formulierung zögern zu müssen, weil es ihm nicht auf Anhieb gelingt, stimmt er der Formulierung des Vernehmenden zu. Es kommt auch vor, daß der Vernommene nicht übersieht, daß die von ihm getroffene Formulierung oder die des Vernehmenden mißverständlich ist oder überhaupt nicht das ausdrückt, was er ausdrücken wollte.

Da Vernehmungen vor allen Dingen durch die Kriminalpolizei und in Sittlichkeitsprozessen vielfach von der weiblichen vorgenommen werden, ist mit einer besonders starken Prägung des Zeugen durch die Vernehmung zu rechnen, weil die Kriminalpolizei ihrem Wesen nach in erster Linie „Jäger" ist und infolgedessen, gerade wenn sie auf diesem Gebiet Gutes leistet, nicht geeignet, objektiv zu vernehmen. Sie wird ihrem Wesen nach weniger feststellen, als den Täter ermitteln wollen, und ist daher gegenüber dem Opfer, das als Zeuge von ihr vernommen wird, keineswegs immer objektiv eingestellt, dient dieses doch dazu, durch seine Aussage evtl. wichtige Fingerzeige für die Ermittlung des Täters zu geben.

Aus dem Gesagten ergibt sich, daß zwischen das ursprüngliche Erinnerungsbild des Probanden und die Untersuchung auf seine Glaubwürdigkeit durch den Gutachter das Erinnerungsbild der bereits anderweitig stattgefundenen Vernehmung geschoben ist, so daß es der Gutachter gar nicht mehr mit der Wahrnehmung bzw. Erinnerung der fraglichen Tatsachen durch den Betreffenden, sondern vor allem mit der Erinnerung dessen zu tun hat, was der Proband bei seiner Vernehmung ausgesagt hat. Bei der Untersuchunig über die Glaubwürdigkeit des Zeugen darf diese Tatsache nicht vergessen werden.

Das vorstehend Ausgeführte ist natürlich weitgehend bekannt, aber es muß erwähnt werden, weil es besonders wichtig ist, da der Gutachter, der beauftragt ist, die Glaubwürdigkeit eines Zeugen zu prüfen, vor allem wenn es sich um Jugendliche oder Heranwachsende handelt, sich immer vor Augen halten muß, daß der Zeuge in solchen Fällen kein unbeschriebenes Blatt ist, soll das Ergebnis seiner Untersuchung zutreffend sein.

Abgesehen von der Fehlerquelle der Vorprägung des zu Untersuchenden ist eine weitere Fehlerquelle durch die Kenntnisnahme des Akteninhaltes gegeben, wenn sie erfolgt, bevor der Proband untersucht ist. Wird der Inhalt der Ermittlungs- bzw. Gerichtsakte vor der Untersuchung des Probanden dem Gutachter bekannt, so wird er selbst durch den Akteninhalt mehr oder weniger vorgeprägt. Es ist erstaunlich, wie wenig kritisch solche Akten erfahrungsgemäß von den Beteiligten gelesen werden. Folgender Fall zeigt dieses:

Ein bekannter Psychiater, als Gerichtsgutachter sehr erfahren, war beauftragt, festzustellen, ob die Tat eines Täters persönlichkeitsfremd gewesen wäre oder nicht. Er verneinte diese Frage und berief sich zur Stützung seines Gutachtens auf die Äußerung des Dorfpolizisten, der sich über den Täter geäußert hatte. Er hatte erklärt, daß es sich bei dem Täter um einen brutalen jungen Mann handele, der nicht einmal davor zurückgescheut wäre, seinen Vater tätlich anzugreifen! Der Gutachter hat bei der kritiklosen Übernahme dieser Beurteilung durch den Polizisten offenbar überhaupt nicht berücksichtigt, daß in keiner Weise feststand, ob der Polizist objektiv berichtet hatte und nicht etwa durch irgendwelche durchaus möglichen Streitigkeiten mit dem Täter voreingenommen war. Weiter hatte der Gutachter nicht geprüft, was der Polizist unter „brutal“ verstand, und endlich nicht geprüft, unter welchen Umständen der Täter seinen Vater angegriffen hatte und ob aus diesen Umständen zu entnehmen war, daß es sich bei ihm um einen gewalttätigen jungen Menschen handele. Tatsächlich war die Situation die gewesen, daß der Täter seinen Vater angegriffen bzw. geschlagen hatte, der Grund aber darin lag, daß der Vater ein Trinker war, der ständig über die Familie neues Unglück brachte. Um solchen Wiederholungen entgegenzutreten, war der Sohn tätlich geworden. Aus dem Verhalten des Sohnes seinem Vater gegenüber konnte also verständlicherweise nicht auf einen gewalttätigen Charakter geschlossen werden, wie es der Gutachter getan hatte.

Keineswegs nur Nichtjuristen lesen zuweilen Akten unkritisch, sondern auch Richter, Staatsanwälte und Rechtsanwälte lassen es vielfach an der notwendigen Kritikbereitschaft gegenüber Akteninhalten fehlen, indem insbesondere oft alle die weiter oben erwähnten Fehlerquellen nicht berücksichtigt werden, die auf den Akteninhalt Einfluß genommen haben können, und das, was in der Akte steht, zu Unrecht als bare Münze hingenommen wird.

Mit Recht hat Abels darauf hingewiesen, daß für Glaubwürdigkeitsgutachten möglichst vielseitige Informationsquellen herangezogen werden sollten, insbesondere Akten der Ermittlungshilfe, des Jugendamtes, soweit es sich um Jugendliche handelt, und ähnliches mehr. Ich kann dieser Auffassung nur beipflichten, allerdings mit der Einschränkung, daß ich der Ansicht bin, daß diese Akten erst studiert werden sollten, wenn die Untersuchung des Probanden durch den Sachverständigen bereits mindestens vorläufig beendet ist, damit der Gutachter nicht unbewußt geprägt und damit voreingenommen wird.

Eine weitere Fehlerquelle liegt nach meiner Auffassung in der Strafprozeßordnung begründet. Bekanntlich legt sie dem Gutachter keine Verschwiegenheitspflicht auf, ja gewährt ihm auch kein Recht zur Verschwiegenheit. Alles was der Proband ihm anvertraut, darf er also in seinem Gutachten und auch öffentlich in der Hauptverhandlung vortragen und muß es auf Befragen ggf. preisgeben. Die Folge davon ist, daß die Gefahr besteht, daß der Proband mit der Wahrheit zurückhält, um nicht befürchten zu müssen, daß intimste Angelegenheiten, die evtl. gar nichts mit dem Kriminalfall zu tun haben, öffentlich bekannt werden. Auch ich bin der Ansicht, daß die gesetzliche Regelung derartig sein sollte, daß der Gutachter in seinen gutachtlichen Äußerungen über das, was er durch den Probanden erfahren hat, nur mit dessen Zustimmung verbreiten dürfte, und zwar auch gegenüber Gericht und Staatsanwaltschaft. Soweit eine Aussagegenehmigung nicht vorliegen würde, müßte der Gutachter sich darauf beschränken, sein Gutachten mit der Bemerkung abzugeben, daß er auf Grund der ihm gemachten Angaben des Untersuchten in Verbindung mit den bekannten wissenschaftlichen Untersuchungsmethoden zu dem Ergebnis seines Gutachtens gekommen wäre. Eine solche gesetzliche Regelung hätte den großen Vorteil, daß der Proband keine Bedenken zu haben brauchte, dadurch in eine peinliche Situation zu kommen, daß Intimitäten, die er dem Gutachter anvertraut hat, in die Öffentlichkeit gelangen würden. Weil eine solche gesetzliche Regelung nicht besteht, ist die Position des Gutachters sehr schwierig, denn er darf aus obigem Grunde nicht damit rechnen, in jeder Beziehung vom Probanden reinen Wein eingeschenkt zu bekommen.

Mir ist ein Fall bekannt, in dem weder der Psychiater noch der psychologische Sachverständige in der Lage waren, die Hintergründe eines Mordes, den ein Heranwachsender begangen hatte, aufzuklären. Mir ist es innerhalb von etwa 10 Tagen gelungen, die Hintergründe des Verbrechens aufzudecken, und ich habe den Fall in meinem Buch „Der Zugang zum Verbrecher“ behandelt. Mir gegenüber war der Mandant völlig offen, weil meine Schweigepflicht als Rechtsanwalt ihn davor schützte, daß etwas von dem öffentlich bekannt wurde, von dem er nicht wünschte, daß es bekannt würde. Es hatte mit der Straftat unmittelbar nichts zu tun, ließ aber erkennen, daß der Täter ohne sein Verschulden schwer entwicklungsgeschädigt war.

Eine weitere Fehlerquelle liegt in der häufigen Überlastung der Gutachter, die sie dazu zwingt, mit ihrer Zeit hauszuhalten und die Untersuchungszeit sehr kurz zu halten, kürzer als dieses vielfach wünschenswert wäre. Auch bedeutet ihre mangelhafte Bezahlung durch die Staatskasse einen ins Gewicht fallenden Mangel, der geeignet ist, die für die Untersuchung aufgewendete Zeit möglichst kurz zu bemessen. Neben diesen äußerlichen Gründen spielt auch der eine Rolle, daß m. E. von vielen Gutachtern nicht genügend berücksichtigt wird, daß man eine Untersuchung, die sich auf seelische Gegebenheiten bezieht, nicht übers Knie brechen kann, sondern sich eine längere Zeit nehmen muß, insbesondere für die Exploration, soll die Untersuchung kein unrichtiges Ergebnis zeitigen.

Nach meiner Auffassung verfällt ein Untersuchungsverfahren, das sich mit psychischen Sachverhalten des Probanden befaßt, in drei Teile. Der erste Teil besteht darin, daß in den ersten Sitzungen der Proband den Gutachter kennenlernt und dadurch zu ihm Vertrauen gewinnt und fähig wird, sich ihm aufzuschließen; der zweite Teil darin, daß der Gutachter umgekehrt den Probanden kennenlernt, und erst im dritten Teil wird es für den Gutachter möglich, sich mit dem konkreten Untersuchungsgebiet wie z. B. der Glaubwürdigkeit der Aussage des Probanden in bezug auf das konkret zu Prüfende kritisch zu befassen. Erst wenn die beiden Partner sich gegenseitig näher kennengelernt haben, sind m. E. die Voraussetzungen dafür geschaffen, die Untersuchung mit Erfolg durchführen zu können.

Das gegenseitige Kennenlernen von Untersucher und Probanden erscheint wichtig, um der Untersuchungssituation den Ausnahmecharakter nach Möglichkeit zu nehmen und hierdurch zu erreichen, daß der Proband sich ungezwungen gibt. Auch bei gutem Willen wird ihm dieses nicht ohne weiteres möglich sein, sondern er wird, zunächst unbewußt, durch die Situation und den Untersucher gehemmt sein. Die Hemmung, die bei dem Probanden evtl. vorhanden ist, kann in äußeren oder inneren Umständen begründet sein, in äußeren Umständen, wenn es sich um die Untersuchung eines Jugendlichen oder Heranwachsenden handelt, wobei der Gegensatz zwischen Erwachsenem und Nichterwachsenem Ursache sein kann; bei erwachsenen Probanden kann der Gegensatz zwischen Nichtakademiker und Akademiker oder zwischen Nicht-Amts-Person als Objekt der Untersuchung und der gerichtlich bestellten Persönlichkeit als Gutachter — als Subjekt der Untersuchung — hemmend wirken. Was innere Umstände angeht, die mithin in der Person des Probanden liegen, so können Schamgefühl, oppositionelle Einstellung, Kontaktarmut usw. sich bei der Untersuchung hemmend auswirken. Das gegenseitige Kennenlernen dient dazu, eine solche Hemmung zu überwinden, was häufig aber nur erfolgen kann, wenn der Gutachter den Probanden näher kennenlernt bzw. kennengelernt hat und ihn infolge dieser erworbenen Erkenntnis entsprechend individuell zutreffend behandeln und damit innerlich aufschließen kann.

Der Mensch ist bekanntlich ein komplexes Gebilde, und man kann nicht zuverlässig prüfen, ob jemand in seinen Angaben, die er gemacht hat, glaubwürdig ist, ohne ein einigermaßen genaues Bild über die betreffende Persönlichkeit erarbeitet zu haben. Insbesondere darf nicht verkannt werden, daß jemand *in einer bestimmten Beziehung* glaubwürdig sein kann, in einer anderen Richtung aber nicht. Dieses nicht nur, weil wegen Fehlerquellen objektiver Art, z. B. mangelhaftes Gehör, die Richtigkeit seiner Aussage zweifelhaft machen, sondern vor allem auch, weil unbewußte Motive die zu prüfenden Aussagen beeinflussen können. Handelt es sich um sexuelle Vorgänge, so muß der Gutachter zunächst ermitteln, wie der Proband zum Sexualgebiet überhaupt und dem speziellen Teil desselben, der für die Untersuchung akut ist, eingestellt ist. Man denke z. B. an Angaben einer weiblichen Person über angeblich stattgefundene Notzucht. Hier ist es durchaus möglich, daß die betreffende Person zum intimen Verkehr bereit war und dieses dem Partner gegenüber auch entsprechend dokumentierte, die Erinnerung an diese Bereitschaft aber verdrängte und sie damit vergessen hatte, und so der Tatbestand der Notzucht von ihr bekundet wird, und zwar subjektiv wahr, obwohl er objektiv nicht vorhanden gewesen ist. Die Verdrängung kann aus Schamgefühl erfolgt sein, oder aus Furcht vor den Eltern, dem Ehemann etc. Nur wenn der Gutachter die Probandin in ihrer gesamten Persönlichkeit, ihren Auffassungen und Reaktionen näher kennengelernt hat, ist er in der Lage, mit einigermaßen Sicherheit zu übersehen, ob hier möglicherweise bei subjektiver Wahrheit eine objektive Unwahrheit in der Aussage besteht.

Wie wichtig ein ausreichender Zeitaufwand ist, ergibt sich daraus, daß ich mich beispielsweise bei einem Wiederaufnahmeverfahren, das ich für einen wegen Mordes zu lebenslänglichem Zuchthaus Verurteilten mit Erfolg durchgeführt habe, 3 Wochen lang an dem Ort der Strafanstalt aufgehalten und täglich mit dem Mandanten mehrere Stunden gesprochen habe, um erst nach Ablauf dieser Zeit auf Grund der gewonnenen Persönlichkeitserkenntnis des Betreffenden mit voller Überzeugung und fundiert erklären zu können, daß ein Fehlurteil vorlag. Die Exploration des Mandanten hat sich dabei nur unwesentlich auf objektive Umstände der Tat, sondern fast ausschließlich auf seine Persönlichkeit erstreckt. In ihr lag der Schlüssel zu der zunächst unverständlich und unrichtig beurteilten Tat des Verurteilten.

Bei der Bemessung des Zeitaufwandes ist zu beachten, daß ein Verteidiger gegenüber einem vom Gericht bestellten Gutachter sich in einer viel besseren Lage befindet, weil er gegenüber dem Mandanten eine Verschwiegenheitspflicht besitzt, so daß dieser geneigt ist, sich ihm gegenüber offener zu äußern als einem Organ des Gerichtes gegenüber, und zum anderen, weil der Mandant weiß, daß der Verteidiger nach Möglichkeit ihm wird helfen wollen, also sicher nicht gegen ihn eingestellt ist, und er in seinem Verteidigungsinteresse nicht genötigt ist, Vorsicht bei seinen Aussagen gegenüber dem Explorierenden walten zu lassen. Wenn in schwierigen Fällen, wie dem erwähnten, ein Verteidiger schon 3 Wochen benötigt, um die Hintergründe einer Tat aufzuhellen, um wieviel mehr muß ein Gutachter, der mit den erwähnten Hemmungen des Probanden zu rechnen hat, Zeit aufwenden, um die Glaubwürdigkeit einer Aussage feststellen zu können. Man sollte nicht einwenden, daß ein solcher Zeitaufwand nicht vertretbar wäre, denn es geht in solchen Fällen um das Schicksal eines Menschen. Es ist schließlich keine Kleinigkeit, ob jemand als junger Mensch wegen Mordes zu lebenslänglichem Zuchthaus verurteilt oder freigesprochen wird. In einem Rechtsstaat ist es am Platze, daß der Gutachter Zeit für seine Untersuchung aufwenden kann, die im Einzelfall nötig ist, und er weder durch anderweitige arbeitsmäßige Inanspruchnahme noch durch mangelnde Bezahlung daran gehindert wird, es zu tun.

Es dürfte allgemein bekannt sein, daß selbst Schilderungen mit ganz speziellen Angaben erfunden sein können, ohne daß es unbedingt erforderlich ist, daß sich der Proband darüber im klaren befindet, daß er Irreales berichtet. Solche unrichtigen Angaben können sowohl der Phantasie des Betreffenden entspringen als auch Kombination aus Gehörtem, Gelesenem, im Fernsehen oder Kino Gesehenem sein, die dann in die Situation, um die es sich in dem betreffenden Fall handelt, hineinprojiziert werden. Solche Darstellungen mit sehr speziellem Inhalt eines Zeugen können für den jeweils Beschuldigten besonders gefährlich sein, weil Gerichte dazu neigen, anzunehmen, daß solche Schilderungen wegen der in ihnen enthaltenen Einzelheiten der Wirklichkeit entsprechen müssen. Bei derartigen Aussagen kommt den Glaubwürdigkeitsuntersuchungen eine besonders große Bedeutung zu. Als Beispiel hierfür erwähne ich folgenden Fall, in dem ich als Verteidiger tätig war.

Die Zeugin war ein heranwachsendes Mädchen, das als Sprechstundenhilfe-Lehrling bei einem Arzt beschäftigt gewesen, aber wegen mangelnder Tüchtigkeit von dem Chef entlassen worden war. Nach der Kündigung des Lehrverhältnisses befragte der Vater seine Tochter, ob zwischen ihr und dem Arzt sexuelle Beziehungen bestanden hätten, weil er den Verdacht besaß, daß der wahre Grund für die Entlassung seiner Tochter in derartigen Vorgängen liegen würde. Die Tochter bejahte die Frage, weigerte sich aber, zunächst Einzelheiten anzugeben. Vom Vater dazu aufgefordert, sich ihm gegenüber schriftlich über das Vorgekommene zu äußern, erklärte sie sich hiermit einverstanden und erstattete einen detaillierten schriftlichen Bericht über das angeblich Vorgekommene. Sie bekundete, daß ihr Chef wiederholt zu ihr in geschlechtliche Beziehung getreten wäre. Einmal wäre dieses in einem Seebad der Fall gewesen, in das ihr Chef sie mit seiner Frau und seinen Kindern für einen Ferienaufenthalt mitgenommen hatte, damit sie seiner Ehefrau bei der Betreuung der Kinder helfen konnte. Während der stundenweisen Abwesenheit der Ehefrau hätte er mit dem Lehrling sexuelle Handlungen vorgenommen. Ein späteres Mal wäre es nach Rückkehr von dem Ferienaufenthalt in der Privatwohnung des Arztes der Fall gewesen, als die Ehefrau einmal gerade nicht anwesend war, und zwar im ehelichen Schlafzimmer des Arztes.

Auf Grund dieses Berichtes erstattete der Vater Anzeige gegen den Arzt. Von der Kriminalpolizei vernommen, bestätigte das Mädchen das dem Vater gegenüber Mitgeteilte als richtig. In dem hierauf eingeleiteten Gerichtsverfahren stellte sich heraus, daß das Mädchen weder in der Schule noch von den Eltern sexuell aufgeklärt worden war und erst in der Berufsschule über das Wesen der Menstruation unterrichtet wurde. Mit dieser Feststellung stand in einem gewissen Widerspruch, daß die vorgenommene ärztliche Untersuchung ergab, daß sie keine virgo intacta mehr war.

Die Auskunft der befragten Lehrer lautete dahin, daß das Mädchen nur schwach begabt wäre, wenig Phantasie besäße, daß sie zu Hause sehr streng gehalten würde und nie allein ausgehen dürfe. Da sie nach Auffassung des Gerichtes also keine eigenen sexuellen Erfahrungen haben konnte, neigte es dazu, anzunehmen, daß das junge Mädchen nicht imstande gewesen wäre, ein kompliziertes Lügengewebe zu erfinden und widerspruchslos durch mehrere Vernehmungen hindurch aufrecht zu erhalten. Aller Wahrscheinlichkeit nach wäre daher die Angabe des Mädchens als glaubhaft anzusehen, und der Arzt hätte sich strafbar gemacht.

Zu Gunsten des Beschuldigten hatte das Gericht noch letzte Zweifel an der Richtigkeit der Aussage des Mädchens im Hinblick darauf, daß es sich in der Pubertät befand und Aussagen in diesem Stadium bekanntlich mit besonderer Vorsicht zu bewerten sind, wie auch die Tatsache, daß ein Zeuge, der sich bei dem Ferienaufenthalt an der See mit der Familie des Arztes angefreundet hatte, nichts davon bemerkt hatte, daß der Arzt irgendein erotisches Interesse an dem Lehrling gezeigt hätte.

Das Gericht ordnete eine Untersuchung der Zeugin auf ihre Glaubwürdigkeit an. Das Ergebnis war, daß das Mädchen für voll glaubwürdig von der Gutachterin, einer Nervenärztin, erklärt wurde.

Diese Feststellung war natürlich für den Angeklagten äußerst belastend. Sein Ruf und seine Existenz standen auf dem Spiel. Meine Bedenken gegen die Richtigkeit des Ergebnisses der Glaubwürdigkeitsuntersuchung gründeten sich auf Unwahrscheinlichkeiten im Verhalten des Arztes einerseits und auf Reizlosigkeit der Erscheinung des Mädchens andererseits. Um nicht in den Verdacht einer Zeugenbeeinflussung zu kommen, war es mir nicht möglich, vor der Hauptverhandlung das Mädchen selbst zu sehen und mit ihm zu sprechen. Ich mußte mich auf die Entgegennahme von Angaben des Mandanten und seiner Ehefrau beschränken. Sie reichten aber aus, um angebliche Zweifel an der Richtigkeit der belastenden Aussage der Zeugin erwachsen zu lassen. Unter anderem konnte ich feststellen, daß das Mädchen eine Reihe von nachprüfbaren unrichtigen Angaben außerhalb des Anklagefalles gemacht hatte, z. B. war nachzuweisen, daß es zu Unrecht behauptet hatte, daß es ihrem Chef häufiger hätte die Schuhbänder an den Schuhen zubinden müssen, daß er es aufgefordert hätte, die Nägel und Lippen zu bemalen, daß es vom Vater geschlagen worden wäre, und daß es einen Ausflug unternommen hätte, der tatsächlich aber nie stattgefunden hatte.

Aus der Gerichtsakte ergab sich, daß der Vater schon frühzeitig, im Alter von Mitte 30, wegen einer „Nervenerkrankung“ Rentner geworden war. Welche Art von Nervenerkrankung vorlag, war aus der Akte nicht zu entnehmen. Auf meinen Antrag hin zog das Gericht, wenn auch widerstrebend, weil nach seiner Ansicht völlig überflüssig, die Versorgungsakte heran. Als diese vorlag, stellte sich bei ihrer Prüfung heraus, daß es sich nicht um eine eigentliche Nervenerkrankung handelte, sondern um schwere psychische Störungen, u. a. um Zwangsideen, die so bedeutend waren, daß der Vater nicht unbeaufsichtigt in der Familie gelassen werden durfte und als „Pflegefall“ festgestellt wurde. Weitere Ermittlungen ergaben, daß die ständige Anwesenheit des Vaters und Ehemannes in der Wohnung eine große Belastung für die Familie darstellte. Insbesondere weil er sehr despotisch war und die Neigung besaß, seine Mitmenschen mit Reden zu überfluten.

Es konnte ferner festgestellt werden, daß die Tochter einen suggestiblen Charakter besaß. Sie wurde als schwatzhaft, geltungsbedürftig, gehemmt, kontaktarm, nervös, streitsüchtig, gelegentlich heftig und über ihr Alter hinaus als gefügig beurteilt. In der Familie sollte ein prüder Ton herrschen, das Mädchen selbst sollte an Männern interessiert sein; dem Vater gegenüber besaß es Angstgefühle. Alle diese Einzelheiten waren der Gutachterin, die sich über die Glaubwürdigkeit des Mädchens geäußert hatte, nicht bekannt gewesen, ebensowenig, daß das Anklagethema in der Familie des Lehrlings immer wieder erörtert worden war und auf diese Weise eine Fixierung eingetreten war. Obwohl im WARTEGG-Test das Haus von der

Probandin deformiert gezeichnet worden war, hatte es die Gutachterin nicht für erforderlich gehalten, dem Grund für diese Anomalie nachzugehen.

Bei einer Rücksprache mit der Gutachterin machte ich darauf aufmerksam, daß im Hinblick auf den pathologischen Geisteszustand des Vaters einmal die Möglichkeit einer erheblichen Belastung bei der Zeugin bestand und außerdem ihre Aussage durch den Vater maßgeblich beeinflußt sein konnte (Zwangsideen des Vaters und Angst des Mädchens vor ihm). Im Hinblick auf diesen Hinweis kamen der Gutachterin selber Bedenken, ob die Aussage des Mädchens wirklich glaubwürdig wäre.

Nach meiner Meinung kam zu den mangelnden Kenntnissen, die die Gutachterin bei der Durchführung der Untersuchung des Mädchens über alle in Betracht kommenden Umstände gehabt hatte, insbesondere die Art der Erkrankung des Vaters noch hinzu, daß m. E. bei der Untersuchung ein Kunstfehler gemacht worden war. Dieser bestand darin, daß das Mädchen zu der Untersuchung bei der Gutachterin nicht nur von der Mutter begleitet wurde, sondern diese während der ganzen Untersuchung im Wartezimmer bis zur Beendigung der Untersuchung verblieb. Die Probandin mußte hierdurch während der Untersuchung das Gefühl haben, daß die Gutachterin jederzeit die Mutter hereinholen und sie mit ihr konfrontieren könne. Durch diese Befürchtung konnte evtl. das Explorationsergebnis beeinflußt worden sein. Weiter schien es mir ein Mangel zu sein, daß die Untersuchung nur in einem einmaligen Treffen mit dem Mädchen bestand.

Ich veranlaßte im Hinblick auf die Zweifel, die ich an der Richtigkeit des Glaubwürdigkeitsgutachtens hatte, die Beauftragung eines Graphologen, der über eine ausreichende forensische Erfahrung verfügte. Dieser prüfte die Handschrift der Zeugin. Die Prüfung ergab im Gegensatz zu dem von der Ärztin erstatteten Gutachten, daß gegen die Glaubwürdigkeit der Zeugin ernste Bedenken bestanden.

Der Inhalt der Versorgungsakte und alle anderen Umstände, die zu Gunsten des Angeklagten sprachen, und das graphologische Gutachten führten dazu, — dieses muß zur Ehre der Gutachterin besonders hervorgehoben werden, — daß die Gutachterin in der Hauptverhandlung ihr Gutachten nicht aufrecht erhielt, sondern erklärte, daß sie nunmehr selber Zweifel an der Glaubwürdigkeit des Mädchens hätte. Hierauf erfolgte, trotz erheblicher Bedenken des Gerichtes, ein Freispruch.

Der geschilderte Fall beweist, daß sich weder ein Gericht noch eine Verteidigung auf Glaubwürdigkeitszeugnisse, auch wenn sie von fachkundiger Seite erstattet sind, ohne weiteres verlassen darf, sondern daß es erforderlich ist, den Dingen soweit wie irgend möglich auf den Grund zu gehen, d. h. sowohl die Verhältnisse, unter denen die Begutachtung stattgefunden hat, als auch alle nur irgendwie feststellbaren Umstände, die ein Licht auf die Glaubwürdigkeit oder Unglaubwürdigkeit einer solchen Zeugin werfen können, zu prüfen.

Nach meinen Erfahrungen ist es keine Seltenheit, daß in bezug auf die Erstattung von Glaubwürdigkeitsgutachten nicht sorgfältig genug gearbeitet wird und vor allem nicht die Vorsichtsmaßnahmen getroffen werden, die nach diesseitiger Auffassung erforderlich sind, um die Fehlerquellen auszuschließen, die hier behandelt worden sind, und um einen möglichst hohen Wahrscheinlichkeitsgrad für die Richtigkeit des Gutachtens zu sichern. Da solche Glaubwürdigkeitsgutachten von Gerichten mangels eigenem Sachverstand regelmäßig ungeprüft als zutreffend übernommen werden, trifft den Gutachter eine hohe Verantwortung, weil dieser praktisch oft über den Ausfall des Urteils und damit über das Schicksal eines Angeklagten entscheidet.

Aus der kriminogenetischen Faktorenanalyse zweier Spätbetrüger

von *Robert Beck*

Rückfällige gehören im Strafvollzug gemeiniglich zu den Angepaßten, die sich in die Ordnung wohl einfügen und die Strafzeit ohne große disziplinäre Schwierigkeiten gut durchstehen. Leider aber bleibt dabei der kriminelle Kern ihrer Persönlichkeit von einer positiven Strafwirkung unberührt. Worin besteht nun diese Resistenz nahezu incurabler Täterpersönlichkeiten, wenn wir von den pathologischen Persönlichkeitsverformungen absehen?

Die bisherigen Erfahrungen haben ergeben, daß sich hinter ihrer „Reibungslosigkeit“ im Strafvollzug überraschend eine vielschichtige Konflikts- und Lebensproblematik verbirgt, die sich chronifiziert hat. Entsprechend kommt es in „krisenträchtigen Situationen“ zu stereotypen Fehlverhaltensformen. Unsere Kasuistik hat zum Ziel, pluricausale Zusammenhänge aufzudecken. Persönlichkeits- und Strukturanalyse könnten uns dadurch die Ansatzpunkte eines fruchtbaren Behandlungsplanes weisen und einer etwaigen positiven Strafwirkung den Weg bereiten helfen.

Der Strafvollzug muß daher die Frage nach der Entwicklung zum Verbrecher und nicht nur nach der Tat stellen, weil er das Problem nach der zweckvollen Einwirkung auf den Täter erörtern, der Strafe zur höchsten Wirksamkeit verhelfen und dabei an den weiteren Verlauf der Entwicklung auch in der Freiheit und an die Rückbildung der gefährlichen Symptome denken muß. Es gehört zur Sorgfaltspflicht, den Grundkräften, den Anlagen, dem Spannungs- und Handlungsgefüge im Täter nachzugehen, wenn eine Bekämpfung des Verbrecherischen an der Wurzel des Verbrechens, also im Verbrecher selbst beabsichtigt und von Erfolg gekrönt sein soll. Erst das volle Bild der Täterpersönlichkeit führt an die ursächlichen Faktoren heran.

Aus einer Anzahl typischer Fälle greifen wir zwei rückfällige Spätbetrüger heraus, um hieran den unterschiedlichen Entwicklungsweg zu demonstrieren, der trotzdem beide zur selben Deliktskategorie geführt hat. Bei beiden, bezeichnen wir sie in unserer Darstellung mit A. und B., sind starke kriminelle Tendenzen vorhanden, die sich ausreichend und eindeutig in entsprechenden kriminellen Vollreaktionen, nämlich im Betrug abgezeichnet haben. Wir wollen nach den tieferen Ursachen, die beide immer wieder zum Rückfall geführt haben, suchen. Unter den schon angegebenen Umständen muß man der Häufung dergleichen Delikte einen symptomatischen Wert beilegen und die Frage stellen, was verbirgt sich hinter diesen negativen Demonstrationen an Persönlichkeitskräften und ihren Entwicklungen. Den Probanden selbst fehlt jede tiefere Einsicht in derartige Zusammenhänge. Vielmehr neigen sie und ihre Familien dazu, alles zu bagatellisieren und oberflächlicherweise die Straftaten auf die wirtschaftliche Notlage, auf die Boshaftigkeit anderer, womöglich auf die Schuld der eigenen Familienangehörigen allein zurückzuführen.

Es besteht die eindeutige Tendenz, einer echten Selbstkritik auszuweichen und die Schwächen auch anderen gegenüber zu verbergen. Dieses Verhalten ist zunächst verständlich und bietet oft einen besseren Ansatz zum Eingriff als das unechte, übertriebene, jederzeit bereite Schuldbekenntnis manches hartgesottenen Rückfälligen. Es ist auch zu natürlich, daß die eigene Frau und die eigenen Kinder den wahren Sachverhalt nicht durchschauen, manchmal auch nicht erkennen wollen. Oft aber sind sie völlig ahnungslos in bezug auf die wirklichen, tieferen ernsten Ursachen ihrer Notlage und der Verbrechen ihres Angehörigen. So fühlt die Familie des betroffenen A. erst seit dem letzten Rückfall die tiefe Dauergefahr heraus, die alle, auch die Kinder, in ihrer Existenz bedroht. Der Proband selbst weiß, daß er von sich aus die tieferen Ursachen seines Abstiegs nicht entdecken kann, er fühlt sich heute selbst von innen heraus gefährdet, ja er fühlt „etwas Gefährliches" in sich; und in ihm kommt eine beklemmende Angst vor seiner Zukunft auf. Nachdem er an einigen Sitzungen einer gruppentherapeutischen Arbeitsgemeinschaft teilgenommen hat, meldet er sich und bittet um Hilfe und weitere Untersuchung seines Falles. Seine aufgekommene Sorge und innere Bereitschaft erwies sich als stabil, ja hatte sich sogar vertieft. Nun konnte nach einer gewissen Zeit mit der individuellen Untersuchung begonnen werden.

A. ist Dipl.-Ingenieur, er war im Kriege Offizier und hat im zivilen Beruf verschiedene leitende Stellungen bekleidet, u. a. war er Konstrukteur in einer großen Maschinenfabrik, Abteilungsleiter in anderen Unternehmungen und Pächter einer großen Ziegelei. Die Deliktsart ist Betrug. Er hatte damals drei Vorstrafen erhalten.

In mehreren Sitzungen wurde deutlich, daß er zu seinen Taten innerlich getrieben und gedrängt wurde. Er weiß auch, daß er in gewissen Belastungssituationen, wenn die Zeit da ist, diesem geheimnisvollen Drängen immer unterlegen ist. Er hatte immer die Vorstellung, zu einem bestimmten Termin seine Schulden wieder regeln zu können. Dabei wurde er von dem unbestimmten Gefühl geleitet, daß ihm von irgend einer Stelle Hilfe vor der Entdeckung zuteil würde. Bis zur letzten Minute glaubte er an Wunder. Dieser magische Illusionsmechanismus kindlicher Struktur trat an die Stelle klaren, von Zielvorstellungen geleiteten Denkens, wie ihm überhaupt ein abgeklärtes Zukunftsbewußtsein vollkommen fehlte. Die Deliktsanalyse ergab eindeutig, daß die gesamten Versuche der betrügerischen Tat vollkommen undurchdacht waren. Dies bezog sich sowohl auf die Methode des Verbrechens als auch insbesondere auf die Sicherung der Beute aus der strafbaren Handlung. Er kam nie in den Besitz des Geldes, weil die Entdeckung zwangsläufig schon vor der Auszahlung erfolgen mußte. Auch fehlte die reale Bezogenheit seiner Tat in seine soziale Wirklichkeit, denn die Höhe der evtl. Beute stand in keinem Verhältnis zu dem Schaden, den er und seine Familie durch die Entdeckung seiner Tat erleiden mußte. Obendrein waren die Geschädigten meistens seine Vorgesetzten oder seine besten Freunde, und so kam er in Gefahr, Stellung und Freundschaft zu verlieren. Jeder betrügerische Mißerfolg trug dieselben Züge und endete auf dieselbe Weise. Wie stark die infantile Denkweise in ihm wirksam war, geht daraus hervor, daß seine endothymen Schichten vor dem eigentlichen Urteilsspruch vollkommen beruhigt waren. Er wartete eben auf die rätselhafte Wendung der Dinge zum Guten. Die Ernüchterung trat immer erst nach dem Urteilsspruch ein.

Die Entstehung des infantilen Komplexes

A. ist unehelich gezeugt worden. Sein Vater beging im Jahre seiner Geburt Selbstmord. Zur selben Zeit mußte die Mutter ein Nervensanatorium aufsuchen und noch innerhalb desselben Jahres heiratete sie seinen jetzigen Stiefvater. So war das erste Lebensjahr schon durch schockartige Erlebnisse und überstarke seelische Belastungen seiner Mutter gezeichnet. Im folgenden kam es zu einer besonders innigen Bindung zwischen Mutter und Kind, die wir am besten, um ihrem Wesen gerecht zu werden, als „Dualunion" bezeichnen möchten. Das Wort deutet darauf hin, daß hier ein besonders inniger, sozialer Reaktionskontakt begünstigt worden ist, der weit über das normale Mutter-Kind-Verhältnis hinausgeht und in seiner Wirkung über die kindlichen Entwicklungsstufen bis in das Alter hinausragt. Die sozialen Reaktionen begreifen eben auch im fortgeschrittenen Alter wie in einer wirklichen Einheit den anderen Partner in einer besonders innigen Weise mit ein. Insbesondere spielen sich hier enge Wechselbeziehungen in den tiefen undifferenzierten Gefühlsschichten ab, die kaum die Schwelle des Bewußtseins erreichen. Scheidet ein Partner durch den Tod aus, geht die Dualunion durch eine Krise hindurch, oder vollzieht sich gar der Zerfall, dann gibt es schwerste Erschütterungen, die hauptsächlich den unselbständigen übriggebliebenen Partner betreffen. Um einen solchen handelt es sich in unserem Falle.

Die Mutter, der wesentliche und dominante Faktor dieser Einheit, galt als außerordentlich musikalisch, überempfindlich — zart und sehr leicht erregbar. Sie war extremen Stimmungen unterworfen. Mit Geld hat sie niemals umgehen können. Schon als Kind hatte sie daher Schwierigkeiten mit ihrer Familie, dasselbe setzte sich in ihrer Ehe fort. Sie hatte schon immer ihrem Mann heimlich Geld entwendet. Immer wenn die Mutter in drückenden finanziellen Nöten war, befand sie sich auch in schweren Gefühlsdepressionen und von diesen wurde auch der Proband erfaßt. Der Ausweg aus dieser Situation war meistens eine Wechselfälschung, der auch eine stimmungsmäßige Erlösung brachte, jedoch hatte diese Wechselfälschung mehr einen demonstrativen Charakter. Wenn sie mit den Gerichten nicht in Konflikt kam, so lag dies daran, daß ihr Mann die Sachen immer wieder regelte und die Schulden deckte. Die Fälschungen waren immer so angelegt, daß die Entscheidung über die Anzeige oder Bezahlung des Schadens bei ihrem Mann lag. Dieser, der dem Probanden gegenüber als leiblicher Vater ausgegeben worden ist, hatte keinen Kontakt zu A. Vielmehr sagt der Proband von ihm: „innerlich hat er mich von jeher abgestoßen, er hat mich auch jetzt wieder angezeigt". Dieses Verhältnis ist eine Frucht aus den nicht sehr glücklichen und spannungsreichen Beziehungen zwischen leiblicher Mutter und Stiefvater. Die Mutter hat den Probanden schon als Kind ins volle Vertrauen gezogen, ihn von den Wechselfälschungen wissen lassen, ja zum „Mittäter" gemacht. Die frühzeitige reaktive Einbeziehung in das gefühlsmäßige Auf und Ab der Ehe, in, wie der Proband sagt, „schreckliche Spannungen" ist nur aus dieser Dualunion verständlich. Von der Mutter hat der Proband nicht nur die primären Anlagen endothymer Reaktionsweise, sondern auch die Residuen eines Reaktionskomplexes übernommen, der sich in verstandesmäßig nicht erreichbaren Schichten während der frühen Entwicklung des Gemütes niedergeschlagen und gefestigt hat. Hier liegt der Bereich, wo gepaart mit der entsprechenden Wirkweise der Anlagen der kriminelle Drang selbst gegen verstandesmäßige Erwägungen durchschlägt. Aus den Wechselwirkungen zwischen Mutter und Sohn ergaben sich die Übertragungen derselben Deliktskomponenten, die zur selben Deliktskategorie führen mußten. Auch heute noch spricht der Proband von einer „inneren Erlösung", wenn er aus einer geschürzten Konfliktssituation wieder in eine Wechselfälschung flüchtete. So hat sich das Spannungssystem des Probanden von der Mutter her übertragen. Kriminogenese und Kriminoplastik (d. h. also die Deliktskategorie) weisen in ihren Spuren und in ihrer Wirkweise eindeutig sowohl auf die Anlagen der Mutter, als auch auf die Lebenseinheit mit ihr hin.

Die pönalpsychologischen Erfahrungen

In dieser kriminologischen Kombination liegen die Ursachen für die Wirkungslosigkeit des normalen Strafvollzugs an dem Probanden und auch für seine Rückfälligkeit. Es ist weder auf die labile und infantile Gefühlsstruktur eingewirkt worden, noch konnten spezifische Maßnahmen, die der Deliktskategorie entsprochen hätten, ergriffen werden. Dabei konnte von einer Gemütsverhärtung im Sinne einer bewußten kriminellen Vornahme bei dem Probanden keine Rede sein. Er war durchaus gutwillig und ordnete sich reibungslos in jeden Strafvollzug ein. *Dennoch gingen die eigentlichen sogenannten latenten Faktoren durch den Strafvollzug unverändert und unberührt* hindurch und wirkten weiterhin determinierend auf sein späteres Handeln ein. Weder konnte er sie in ihrer kriminogenen Bedeutung begreifen, noch standen sie im Vordergrund seines Bewußtseins. So konnte sich immer wieder nach der Entlassung aus der Strafhaft dasselbe Spiel bis zum vollendeten Rückfall wiederholen. Er neigte zum hemmungslosen Geldausgeben, kam in wirtschaftliche Notlagen, die Folge war ein durch Depressionen erschöpfter seelischer Zustand. Wenn ihn dann die Schuldenmacherei aus seiner Stellung wieder herausgetrieben hatte, weil sein Gehalt mehrfach gepfändet worden war, fiel wieder die letzte Hemmung und das Delikt trat wieder als „Erlösungsreaktion" auf den Plan. Wo wäre also in diesem Fall der Hebel anzusetzen, um dem Probanden eine Chance zu geben, trotz aller Belastungen „krisenfest" zu werden?

Die Szondi-Analyse[1]

Wir müssen uns gerade in diesem Fall vergegenwärtigen, daß wir es mit einer starken Anlagekomponente zu tun haben, die wir nicht verändern können, andererseits aber weist gerade die Deliktskategorie auf eine frühkindliche Komplexbildung hin. Wenn es uns also gelingen sollte, diesen Bereich topografisch näher zu umreißen, so wäre wenigstens der Ansatz aufgewiesen, von dem aus wir den Versuch einer Hilfeleistung unternehmen könnten. Mit Hilfe des Szondi-Tests würden wir auch erfahren, wo die Grenzen eines anzustrebenden Persönlichkeitswandels lägen.

Unabhängig von den übrigen Untersuchungen wurden an 10 verschiedenen Tagen 10 Triebprofile hergestellt. Es ergab sich folgende

---

[1] *Der Szondi-Test. Bern 1947.* — Experimentelle Triebdiagnostik. — Dortselbst findet sich auch die Einführung in die Arbeitsweise dieser Methode, die sich heute nicht nur in der Schweiz, sondern auch im übrigen Europa vieler Anhänger erfreut und im Begriff ist, sich auch in Amerika durchzusetzen. Die Szondi-Methode ist auf Grund umfangreicher, fachwissenschaftlicher Untersuchungen zustandegekommen. Sie hat sich bisher in der Empirie bewährt.

Rangreihe der Latenzgrade, die uns ein Bild der Triebkräfteverhältnisse zwischen den vier grundlegenden Vektoren vermitteln[2]:

$$\frac{C_m^- : P_{hy}^- : Sch_k^+ : S_{hs}}{7 : 4 : 3 : 0}$$

Nach der Klassifikationsmethode Szondi's gehört der Proband demnach zur Triebklasse C_m^-. Da C sich auf die Summe der Kontakttriebe bezieht, weist es uns auf die besonderen Verhältnisse im Bereiche der sozialen Partnerschaft hin. Die Nichtbefriedigung des Anklammerungsdranges steht im Vordergrund. Der Proband ist auf der ständigen Suche nach einem geeigneten Objekt. In Gegenwart ihm überlegener, auch moralisch straff strukturierter Personen fühlt er sich beruhigt und geborgen. Er fühlt sich wohl und sagt selbst „das fehlt mir, ich brauche irgendeinen starken Menschen — dann wäre alles in Ordnung". Es ist auffallend, daß er sich während seiner Militärzeit mit ihren einengenden sozialen Vorschriften straffrei geführt und auch wohlgefühlt hat. Die verkürzte Triebformel für den Probanden lautet:

$\frac{d_8}{m_1}$ wobei d der symptomatische Leitfaktor und m der „krankmachende„ Wurzelfaktor nach Szondi ist. d bezeichnet alle Schattierungen der Depression, von der leichten bis zur schwersten Verstimmung der Persönlichkeit. Diese Tatsache wurde bei dem Probanden eindeutig als wesentlich habituelle Erscheinungskomponente seiner Persönlichkeit von periodisch schwankender Intensität unabhängig von äußeren Einflüssen festgestellt. Wenn m als „krankmachender" Wurzelfaktor genannt ist, dann meint Szondi auch die „Manie" im Bereiche des Gesunden, wo sie eineEnthemmung aller Antriebe, eine Beschleunigung des persönlichen Tempos und durch eine allgemeine Steigerung aller seelischen Vorgänge auch die Triebschichten in erhebliche Unruhen hineinzieht.

Nach einer gewissen Zeit der Spannungsentladung, die als Erlösung empfunden wird, tritt die Wiederherstellung der alten Persönlichkeit wieder ein. Aus dem Zusammenwirken von m und d wird die Labilität und Schwäche der Persönlichkeit erheblich verstärkt. Dies gilt ganz besonders für das Gebiet undurchdachter und impulsiver Handlungen. Die zunehmende innere Unruhe und Unbeständigkeit macht insbesondere sprunghaft, ungeduldig und drängt in entscheidenden Situationen auf Kurzschlußhandlungen. Die Triebformel des Probanden ist in kriminellen Fällen charakteristisch für Haltlosigkeit und Hochstapelei. Der Haltlose entschädigt sich in seiner

[2] Vektor = Triebrichtung. Die Aufteilung der Triebe nach Szondi: S = Sexualtrieb, P = Überraschungstrieb, Sch = Ich-Trieb, C = Kontakt-Trieb. Die Triebkomponenten nach Szondi sind in unseren Fällen auf die noch „gesunden" Übergänge zu beziehen.

Einsamkeitsangst und Ungeborgenheit für den menschlichen Objektverlust gleichsam auf kriminelle Weise. Unter der Oberfläche der Tatmotivierung versteckt sich eine latente Triebgefahr, die uns durch die Szondi-Untersuchung topografisch lokalisiert wurde. Nun verstehen wir auch, warum der Proband trotz Strafvollzug in der gemeingefährlichen Triebgefahr stecken bleiben mußte und rückfällig wurde. Seitdem die Dualunion, in der er aufgewachsen war, durch den Ausfall seines Partners, der Mutter nämlich, zerstört worden und noch nicht wieder hergestellt werden konnte, gehört der Proband in die Klasse der „Verlassenen". Seine Ehefrau, der es nicht gelungen ist, die Rolle eines positiven Partners im Rahmen der Dualunion zu übernehmen, hat unwissentlich die kriminelle Entäußerung der vorhandenen negativen Disposition nicht hemmen können. Ob sie gleichsam wie ein Katalysator im Gegenteil die Entäußerung unwissentlich gefördert hat, wäre durch eine besondere Untersuchung zu klären.

Das kriminologische Bild auf dem Hintergrund der tiefenpsychologischen Geschehnisse, die uns durch die Szondi-Analyse vermittelt worden ist, deckt sich mit anderen Feststellungen und ist insgesamt entwicklungsmäßig abgeschlossen. Eine sogenannte erzieherische Fremdbeeinflussung auf den Probanden verspricht wegen des schon vorgeschrittenen Alters keinen Erfolg. Viel bedeutsamer ist die Vermittlung der wirklichen Einsicht in die tieferen Zusammenhänge, da jeder unbewußte Motivkomplex zur Verkümmerung neigt, sobald er in das klare Licht des Bewußtseins tritt. Auch die Aufklärung der Ehefrau, evtl. auch noch der Schwiegereltern wäre notwendig. Es ist anzustreben, daß die Frau eine Kontrollfunktion übernimmt und die ausgefallene ursprüngliche Partnerin in der Dualunion im positiven Sinne ersetzt. Die weitere Gefährdung des Probanden hängt dann auch davon ab, inwieweit die Ehefrau fähig ist, diese Aufgabe zu übernehmen.

Der eigentliche psychische Stabilisierungsvorgang kann sich somit erst nach der Strafvollziehung einspielen. Im Strafvollzug kann er lediglich angebahnt werden. Die gut funktionierende Ehe ist in diesem Falle das beste und natürlichste Psychotherapeutikum.

Fall B.

B. ist im Gegensatz zu dem kleinen feingliedrigen und überempfindlichen A. ein grobschlächtig gebauter Athletiker, der auch wegen seiner Körperkräfte von den Mitgefangenen wohl respektiert wird. Er hat die Oberreal- und die Kunstgewerbeschule besucht, und verfügt über viel praktische Berufserfahrung, so daß er auf seinem Gebiet wohl als guter Fachmann bezeichnet werden kann. Seine Intelligenzanlagen entsprechen denen des Probanden A. Er ist als selbständiger Vertreter tätig. Seit 1949 ist er mehrere Male wegen Betrugs, und zwar jedesmal in mehreren Fällen straffällig geworden.

Es handelt sich meistens um strittige Provisionsansprüche. Nun ist er, wie er selbst sagt, plötzlich in eine seltsam gehäufte Anzahl von Betrugsfällen hineingestolpert. Da er dieser Entwicklung Einhalt gebieten möchte, erbat er gleichfalls im Anschluß an eine gruppentherapeutische Sitzung besondere Hilfe.

Das auffallende gemeinsame Merkmal seiner Taten ist Rücksichtslosigkeit und Frechheit. Parallel mit seinem Verbrechen läuft ein persönliches Zerwürfnis mit dem Geschädigten. Die Tat trägt aggressive Züge einer Auseinandersetzung. Er möchte seinem Partner dabei „eins auswischen".

In seiner Familie sei angeblich niemand straffällig geworden. Seine Mutter sei eine energische Frau, die ihn schon mit 5 Jahren einschulen ließ. Sein Vater hätte mit ihm geprahlt. Beide Eltern wünschten, daß er den Beruf des Vaters ergreifen sollte. Hierin wurden sie aber enttäuscht. In der Schule hätte er oft seinen Dickkopf aufgesetzt, sei aber trotzdem beliebt gewesen. An Sportarten bevorzugte er besonders Hockey und Boxen. Mit seiner Schwester, die weich und zart besaitet sei, hätte er immer Reibereien gehabt. Die Mutter habe immer die Partei der Schwester ergriffen. Von seiner Frau sei er wegen seiner Schwiegermutter geschieden worden. Der Vater sei verstorben, in das elterliche Haus könne er nicht mehr zurück. Mit Freunden habe er schlechte Erfahrungen gemacht, er habe auch keine mehr, da er kein „Wohlfahrtsinstitut" für sie sein wolle. Wenn er wieder heirate, so nur, wenn die Frau über eine gesicherte wirtschaftliche Basis verfüge. Während der Haft hat er schon mehrfach Auseinandersetzungen mit Wachtmeistern und mit Gefangenen gehabt. Einmal hat er einen Mitgefangenen geohrfeigt, „der stehe ihm schon bis zum Halse". Seine Art zu reagieren ist im Leben immer gleich geblieben. Er hat zunehmend mit Ellenbogen und Rücksichtslosigkeit andere Interessen oft skrupellos verletzt, bis er nun mit dem Gesetz in Konflikt kam. Er ist heute ein Mann, durch eigene Schuld ohne jede mitmenschliche Bindung.

Im sozialen Spannungsgefüge steht potenziert ein fester Komplex selbstsüchtiger Tendenzen. Das eigene individuelle Dasein allein, seine Sicherung und seine Ausbreitung bildet den eigentlichen erfüllenden Sinn seines ganzen Lebensgehaltes. Alles andere, Mitwelt und Umwelt haben nur einen materiellen Nutzungswert für ihn. „Seine soziale Welt" ist von jedem moralischen Sinn — und höheren Wertgehalt entlaugt. Es bietet sich uns eine nackte enthumanisierte „individuelle Umwelt" gleichsam im Sinne Uexkülls dar. Sie ist nicht etwa das Produkt eines Zerfalls dieser Persönlichkeit, sondern sie versteht sich von einer gewachsenen abartig-individuellen Charakterstruktur her. Dabei haben die Erziehung und das Leben schon viel gemildert, aber es bleibt noch genug übrig, um ihm reichlich Lebensschwierigkeiten zu bereiten.

Die Szondi-Analyse

Nach Auswertung der üblichen 10 Triebprofile ergab sich folgende Rangreihe der Latenzgrade, die uns ein Bild über die Stärke und das Verhältnis der Triebvektoren untereinander und innerhalb der 4 Triebe geben:

$$\frac{C_m^- : P_{hy}^- : Sch_p^- : S_s^-}{6 : 5 : 4 : 2}$$

Der Proband gehört somit gleichfalls der Triebklasse C_m^- an. Auch hier ist die Kontaktfähigkeit zur Umwelt gestört. Er ist bereits in eine isolierende „Trotzstruktur" hineingeraten und kann weder Zärtlichkeit geben, noch empfangen. Im höchsten Latenzgrad liegen die Lebensschwierigkeiten seiner Zukunft verborgen. Er neigt dazu, innere Spannungen anzureichern, er ist sozial rasch übersättigt. So ergibt sich hieraus ein sozialer Abtrennungsdrang. Fast ebenso hervorstechend bei ihm sind die paroxysmalen Kräfte, die nach Befriedigung im persönlichen Auftreten und damit zum Überschreiten des Angemessenen führen. Sie verstärken die Schwierigkeiten, die sich aus dem ersten Triebvektor ergeben. Der starke Ich-Trieb in Sch liegt auf derselben Linie. Von einem normalen Geltungsdrang kann man nicht mehr sprechen. Der Faktor mit der niedrigsten Spannungsdifferenz, also dem geringsten Latenzgrad weist uns auf den geläufigsten Notausgang hin, über den der Proband in seinem Triebwirbel am leichtesten zu entkommen vermag. Die Nörgelei und Streitsucht, seine Aggressivität sind bei ihm echte Triebbedürfnisse. Die verkürzte Triebformel $\frac{e_8}{m_1}$ zeigt den gleichen Wurzelfaktor wie bei A. Auch hier ist eine Enthemmung und allgemein eine Steigerung und Beschleunigung der seelischen Vorgänge im Sinne einer „Manie" eingetreten. Der Faktor e aber zeigt an, daß Wut, Haß und Rachsucht hinter einer labilen Reizbarkeit gleichsam darauf lauern, ausgelöst zu werden. Die im Leben des Probanden aufgetauchten Konfliktshäufungen sozialer Art, ihre typische Nuancierung, seine entsprechenden Betrügereien, sind uns im Wesen durch die Bedürfnisstruktur enthüllt. So kann er beispielsweise eine Enttäuschung auf erotischem Gebiet, die er im Alter von 20 Jahren erlebte, sein ganzes Leben nicht verwinden. Er ist auch heute nicht frei davon. Diese Unmöglichkeit der Loslösung, der lebensgerechten Erledigung dieser erlittenen „Schmach" bringt ihn immer wieder dazu, dies andere Frauen, denen er im Leben begegnet, entgelten zu lassen. Und so ist bei jeder seiner heterosexuellen Partnerschaften mit Gewißheit die Art des Auseinandergehens vorauszusehen.

Aufgrund der von Szondi und seinen Mitarbeitern gesammelten Empirie ist mit größter Wahrscheinlichkeit anzunehmen, daß die Spannungsdifferenz im Vektor C, also auf dem Gebiet des Kontakttriebes die stärkste dynamische Kraft enthält und im Zukunftschicksal des Probanden die wichtigste Rolle spielen wird. Damit ist der gefährlichste Trieb erkenntlich geworden. Leider hatten wir im Rahmen unserer Untersuchungen nur die Möglichkeit, die aus dieser Quelle stammenden Unzuträglichkeiten in bezug auf seine familiären Schwierigkeiten, seine Freundesbeziehungen und seine beruflichen Kalamitäten festzustellen. Es wäre natürlich notwendig, auf solche Schicksalsmerkmale hin auch das Leben seiner Verwandten zu berücksichtigen, wenn wir Schlüsse auf manifeste Anlagen ziehen wollen.

Im Falle B. hat der Strafvollzug nur begrenzte Einwirkungsmöglichkeiten. Da der Proband über eine starke Betriebsamkeit verfügt und ihm eine Arbeitsfreude nicht abgestritten werden kann, sollte er in der Anstalt in eine ihn voll ausfüllende Arbeit eingespannt werden. Zusätzlich aber ist es notwendig, ihn über seine innere Situation aufzuklären. Dies ist in gruppentherapeutischer und individueller Weise geschehen. In unserem Fall ist der Proband im Rahmen einer Arbeitsgemeinschaft über seine eigenen ihm bislang verborgenen, ja unantastbaren innerseelischen Verhältnisse nachdenklich geworden. Aus freiem Antrieb hat er um Hilfe gebeten. Er hat die gefundene Analyse vollauf bestätigt. Es ist auch eine überraschende, fast schockartige Wirkung feststellbar gewesen. Er sieht jetzt die Gefahren, die ihm drohen, und die Quellen, aus denen sie heraufziehen. Seinem weiteren Leben, und insbesondere einer evtl. Eheschließung, wie er sie sich vorstellt, kann nur mit großer Besorgnis entgegengesehen werden. Mindestens in einer gewissen Unbeständigkeit und in öfterem Berufs-Arbeitgeberwechsel wird sich seine Struktur in der Freiheit auswirken, falls es ihm gelingen sollte, Gesetzeskonflikten aus dem Wege zu gehen. Von der nun gewonnenen klaren Einsicht und seiner zweifellos vorhandenen Willensstärke könnte erwartet werden, daß der Rückfälligkeit größere individuelle Hemmungen entgegengebracht werden.

Der Vergleich beider Triebstrukturen

Die verkürzte Triebformel beider Probanden unterscheidet sich lediglich in den symptomatischen Leitfaktoren d und e. Beide kennzeichnen treffend den Unterschied der Sozialcharaktere. Während A. eher ängstlich-depressiv ist und seine Taten gewissermaßen passiv ablaufen läßt, nachdem er die Fälschung vorgenommen hat, ist B. ein Mann von aggressiver Haltung, von Nörgel- und Streitsucht erfüllt, so daß selbst die Straftaten in wesentlichen Zügen hiervon gefärbt sind. Sie tragen den paroxysmalen Charakter der Affektausbrüche des Probanden.

Überraschenderweise hat die Analyse bei beiden dieselben Wurzelfaktoren ergeben. Wenn die Verbrechen beider trotz ihrer Persönlichkeitsunterschiede derselben Deliktskategorie angehören, so hat dies der Empirie zufolge hierin hauptsächlich seine Gründe. Ein weiterer Umstand, der dies bestärkt, ist die Reihenfolge der Latenzgrade, die auffällig, wenn auch mit Nuancierungen versehen, beiden gemeinsam sind. Natürlich gehören auch beide derselben Triebklasse an und dies enthält die wesentlichsten Umstände, die beide Probanden in der ihnen eigenen Weise auf dieselben Ventile als Notausgänge aus ihren Triebnöten hinführen. A. allerdings sucht den sozialen Kontakt, er hat ein natürliches Anklammerungsbedürfnis. Er bedarf eines stärkeren Partners, der ihn in einer sozialen Einheit führt. B. wiederum sucht Reibung, Streit, Trennung und wieder Zerfall des erreichten Kontaktes. Noch feinere Vergleichsausblicke würde die Diskussion der vollen Triebformel herbeiführen, aber es lag uns nur an dieser kurzen Demonstration, die uns Deliktskategorie und Triebklasse in einem kohärenten Verhältnis darstellt. Wiederum ist uns in diesen Fällen, jetzt von der Analyse Szondi's her, die Erfahrungstatsache bestätigt worden, daß *der Betrug (Diebstahl) eine Spätreaktion auf Kontaktverlust, Einsamkeitsangst und soziale Hilflosigkeit* sein, und sich in der weiten modalen Skala zwischen Psychasthenie und massiver Aggressivität entäußern kann. Der Kontakt zur Mutter, Ehe oder Familie, stellt in Wahrheit den umfassendsten Halt dar, der in überaus komplizierten menschlichen Beziehungen wirksam sein kann. Die seelische Abkehr der Angehörigen führt bei gewissen Individuen auch im fortgeschrittenen Alter zum sozialen Abgleiten, wie sie ja bei Kindern immer die Verwahrlosung einleitet. Hieraus läßt sich die grundlegende Bedeutung von Waisenhaus, Fürsorgeerziehungsheim und Jugendstrafvollzug sowie die Art fachlich zu leistender Arbeit erkennen. Die Rückfälligkeit in ihrer Kettenhäufung ließ in unseren beiden Fällen darauf schließen, daß hier ein Halt, eine innere Hemmung restlos beseitigt oder überwunden worden war, und zwar in so grundlegenden Persönlichkeitsschichten, in denen ein Aufbau durch Strafe und äußere Strafverbüßung allein nicht mehr möglich war. Es kann daher schon von einer Vertiefung und Verkrampfung der Fehlhaltung gesprochen werden. Man kann annehmen, daß der weitere Abbau positiver seelischer Energien während der Haftzeit in einem erheblichen Umfang fortgestzt worden ist. Hierdurch wurde in Wirklichkeit die Behauptungs- und Standkraft, die Lebensvalenz, also der Kern der Person, in Mitleidenschaft gezogen. Die Fortführung der seelischen Erschöpfung bringt praktisch keine Schwächung, sondern eine Verstärkung der kriminogenen Faktoren mit sich. Hierin liegen zusätzlich die Gründe für die spezifische späte Rückfälligkeit beider. Aufgrund der Analyse kann daher jetzt eine intensive Umstellung der seelischen Verhältnisse eingeleitet werden, wenn die Absicht auf das gründliche Verschwinden der kriminellen Symptome überhaupt ernsthaft in Erwägung gezogen und die Strafe in ihrer Wirkung vertieft werden soll. Wenn wir von verdeckt wirkenden Triebkräften sprechen, die so schwer erkennbar sind, so meinen wir damit, daß die Probanden selbst über ihre innere Schwäche wirklich nicht im klaren sind. Oft unterdrücken sie jede aufdämmernde Selbsterkenntnis und belügen sich selbst, bestimmt aber neigen sie meistens dazu, aus begreiflichen Gründen anderen gegenüber, innere Schwächen abzuleugnen und zu vertuschen. Wenn sich dem Kriminalpsychologen dann ein besonders starker innerer Widerstand entgegensetzt, dann ist dies keineswegs entmutigend. Es ist dem kriminalpädagogischen methodischen Geschick überlassen, den rechten Augenblich der inneren Bereitschaft des Probanden für eine weitere Analyse vorzubereiten und auch zu benutzen. Wenn die Angehörigen der Probanden, insbesondere die Ehefrauen, die wirklichen kriminogenen Verhältnisse nicht durchschauen, so sollte man sie deswegen nicht gleich schuldig sprechen, sie haben leider nur zu oft geringere Einsicht in die wirklichen Zusammenhänge als sie es vermeinen, und dies gilt in allen Deliktsarten. Meistens führen sie die Straftat auf die wirtschaftliche Notlage, Mängel der Erziehung, schlechte Freunde, eifrigen Kinobesuch, auf das Lesen schlechter Bücher oder andere äußere Umstände zurück. Diese oberflächliche Begründung hat der Proband auch noch im Strafvollzug zu seiner Verteidigung bereit. Jedoch hält dieser menschlich begreifliche Versuch der Bagatellisierung und Entlastung des individuellen Schuldanteils einer genauen Analyse nicht stand. Probanden und Familienangehörige sind erst dann mit diesem frommen Selbstbetrug nicht mehr voll zufrieden, wenn sich eine Dauergefahr herausstellt und die Folgen der Straftat die Existenz der gesamten Familie ernstlich gefährdet. Die Einsicht in diese aber muß ihnen oft erst vermittelt werden. Dann erst ist die einzig fruchtbare Situation erreicht, in der alle Beteiligten bereit sind, aus tiefer Besorgnis und echter Lebensangst mit vollem Ernst an der Bekämpfung des Kriminellen mitzuarbeiten. Es wäre müßig, hier noch auf die umfassende kriminalpädagogische Erweckung der Mitarbeit aller Betroffenen und zunächst berührten Angehörigen gegen die tieferen Verbrechensursachen in ihrer umfassenden Bedeutung hinzuweisen. Die Strafvollzugsbehörde kann hier die Sprech- und Besuchsstunde der Angehörigen zu einer wertvollen Beratungshilfe ausgestalten; wo sollten sich auch sonst die Angehörigen wirklich besseren Rat und Hilfe holen können als an den Instituten, die für diese Nöte fachlich zuständig sind. Es wäre zu überlegen, ob es überhaupt nicht allgemein zu empfehlen wäre, schon vor der Klassifizierung und auch später immer wieder die erreichbaren Angehörigen zu einer Aussprache über „ihren Fall“ einzuladen. Die Bekämpfung des Verbrechens sollte im besten Sinne auch die familienpädagogische Seite nicht außer Betracht und nicht ohne Unterstützung lassen.

Ein moderner differenzierender Strafvollzug geht über die Wirkung der Generalprävention weit hinaus. Über Abschreckung und bloße Ermahnung kann er mit den Methoden der kriminogenetischen Analyse die latenten, aber gefährlichen Schwächen der Probanden aufdecken. Er schafft schon während der Strafverbüßung die Voraussetzungen zur Bereinigung der inneren Kräfte; er gibt die konkreten Anhaltspunkte zur neuen und tieferen Einsicht, Selbstkritik, Selbstbesinnung und Selbsterziehung, ohne die eine kausale und anhaltende Veränderung der Dispositionen und Einstellungen einer Person ganz unmöglich ist. Von selbst gibt sich damit eine ethische Bereicherung der Strafvollzugsatmosphäre und eine aus innerer Achtung gewachsene Festigung der Autorität des Anstaltspersonals. Damit wäre eine Voraussetzung zu einem allmählichen Wandel bezüglich der Strafwirksamkeit angebahnt.

Resozialisierung — Utopie und Wirklichkeit

Eine sozialpsychologische Untersuchung von 108 jugendlichen Strafgefangenen in den Hamburger Strafanstalten der Jahre 1965—1968

von *Endrius Zilius*

I

Im modernen Strafvollzug spielt der Begriff Resozialisierung, wenn man nach neuen Wegen für die Wiedereingliederung des Strafgefangenen sucht, eine große Rolle. Im Winter 1967 prägte *Hermann*[1] in Hamburg den Satz: „Der Gefangene von heute ist der Staatsbürger von morgen". Damit wollte er die Möglichkeiten, unter denen eine neue Vollzugskonzeption zu entstehen habe, aufzeigen. Diesem Grundgedanken von *Hermann* wird jeder Vollzugspraktiker ohne Einschränkung beipflichten, wenn es ihm gelingt, eine befriedigende Antwort auf die beiden im obigen Leitsatz erwähnten Grundbegriffe „Gefangener" und „Staatsbürger" zu finden.

Meine sozialpsychologische Studie soll nun klären helfen, ob der von *Hermann* postulierte Gedanke sich unter den heute gegebenen ideellen und materiellen Voraussetzungen im Strafvollzug verwirklichen läßt. Man kann einerseits cum grano salis sagen, daß die Behebung von Mängeln vollzugstechnischer Natur bei weitem nicht ausreicht, um die bedrohlich hohe Rückfallquote zu senken.

Andrerseits wiederum fehlen die entsprechenden ortsbezogenen wissenschaftlichen Untersuchungen, die Aufschluß geben könnten nicht nur zur Motivation sozialwidrigen Verhaltens, sondern auch über die Methoden einer wirksamen Einflußnahme auf den einzelnen Gefangenen durch die Anstalten.

Der mit den optischen und akustischen Symptomen eines Untersuchungsgefängnisses oder einer Strafanstalt (Ausbruchsversuche, zerstörtes Zelleninventar, Brüllen aus den Fenstern, mit Sexualsymbolen beschmierte Wände, Gewalttätigwerden und Selbstbeschädigungen) vertraute Praktiker glaubt die Ursache des sozialwidrigen Verhaltens weniger im Freiheitsentzug selbst zu erblicken, als in den inner-

---

[1] Bürgerschaft der Freien und Hansestadt Hamburg. Drucksache Nr. 432 vom 20. Januar 1967.

seelischen Zuständen und Prozessen, die augenscheinlich sich nur aus dem Zusammenspiel von Anlage und Umwelt des Gefangenen ableiten und erklären lassen.

Es ist jedoch fraglich, ob man angesichts der buntschillernden Mannigfaltigkeit der Deliktarten und der Persönlichkeitsstrukturierungen den Gefangenen als Individuum in der Anstalt hinreichend berücksichtigt. Intuitives Empfinden und guter Wille genügen als Arbeitsbasis im Strafvollzugsdienst nicht mehr. Das gilt besonders für den Jugendstrafvollzug. Aber auch für den Erwachsenenvollzug.

Gerade weil im Erwachsenenvollzug (Gefängnis, Zuchthaus, Sicherungsverwahrung) sich ca. 90 % frühkriminelle Rückfäller[2] befinden, sollte man schon aus sozial-prophylaktischen Gründen alle Umstände untersuchen, die einen gewissen Personenkreis mit hoher Wahrscheinlichkeit immer wieder kriminell werden lassen.

Gerade weil die vorbeugende Verbrechensbekämpfung in unserem Lande noch unterentwickelt ist, soll am Werdegang der kriminellgewordenen Jugendlichen aufgezeigt werden, in wieweit der anfangs postulierte Resozialisierungsgedanke noch zu verwirklichen ist bzw. als Utopie abgetan werden kann.

II

Um ein getreues Spiegelbild der minderjährigen Rechtsbrecher zu erhalten, bin ich bei meiner Untersuchung von den folgenden Kriterien ausgegangen:

1. Dem Alter zur Zeit der Untersuchung,
2. dem Geburts- bzw. Wohnort,
3. dem Beruf des Vaters oder einer Ersatzfigur,
4. dem Beruf der Mutter oder ihrer Ersatzfigur,
5. dem Kindschaftsverhältnis,
6. der Schul- und Lehrausbildung,
7. der Art der Kriminalität,
8. den fürsorgerischen und erzieherischen Maßnahmen,
9. den gerichtlichen Maßnahmen und der Höhe des Strafmaßes,
10. dem vermutlichen Verhalten im Strafvollzug und
11. der Rückfall-Prognose.

Eine gesonderte Betrachtung der anschließend einzeln aufgeführten und erläuterten Kriterien soll nun dem Vollzugspraktiker andeuten, worauf man zu achten hat bzw. was man unbedingt wissen sollte, wenn man einen modernen, individuell auf den Gefangenen

---

[2] *Sheldon* und *Eleanor Glueck* beobachteten, daß asoziale Neigungen im frühen Alter von 7 Jahren bei 48 % und im Alter zwischen 8 und 10 Jahren bei 39 % der Kinder zur Kriminalität führten. — *Diess.*, Jugendliche Rechtsbrecher, 1963, S. 155 ff.

ausgerichteten Vollzug anstrebt. Vorweg möchte ich noch bemerken, daß das Sample etwa 1/3 der in Hamburg (1965—1967) einsitzenden, rechtskräftig verurteilten jugendlichen Rechtsbrecher umfaßt, nicht ausgewählt wurde, sondern lediglich als Neuzugänge vom Kriminalpsychologischen Dienst für den Strafvollzug erfaßt worden ist.

1. Das Alter der untersuchten jugendlichen Kriminellen

Das Durchschnittsalter lag bei 19,2 Jahren und schlüsselte sich wie folgt auf:

1. Gruppe 15/16jährige	9 Strafgefangene
2. Gruppe 17/18jährige	28 Strafgefangene
3. Gruppe 19/20jährige	65 Strafgefangene
4. Gruppe 21jährige	6 Strafgefangene
	Insgesamt 108 Strafgefangene.

Die von der Untersuchung erfaßten Strafgefangenen sind während des 2. Weltkrieges oder kurz danach geboren. Traumatische Kindheitserlebnisse ließen sich wiederholt beobachten und dürften sich in vielen Fällen kriminogen ausgewirkt haben. Auffallend ist einmal die zahlenmäßige Kumulation der 19/20jährigen, andererseits die nicht geringe Zahl der wegen eines erheblichen kriminellen Energieaufwandes zu Jugendstrafen verurteilten 15/16jährigen. Hervorzuheben wäre in diesem Zusammenhang, daß man im Jugendstrafvollzug bisher erzieherisch den Altersunterschied wenig oder kaum mitberücksichtigt hat und dadurch unkontrollierbaren negativen Einflüssen der älteren Gefangenen Tür und Tor öffnete.

2. Der Geburts- bzw. Wohnort des Gefangenen[3]

Geradezu typisch für den Hamburger Strafvollzug (Welt- und Hafenstadt) ist die Tatsache, daß weniger als jeder zweite eine Strafe verbüßende Insasse Hamburger ist.

Von 108 Häftlingen waren:

1. aus Hamburg und Vororten	51 Insassen
2. aus Mitteldeutschland (DDR)	18 Insassen
3. aus Niedersachsen	14 Insassen
4. aus Ostpreußen, Schlesien, Pommern (poln. verw.)	8 Insassen
5. aus Kiel und Schleswig-Holstein	7 Insassen
6. aus dem übrigen Bundesgebiet	5 Insassen
7. aus West-Berlin	4 Insassen
8. aus dem Ausland	1 Insasse

[3] Unberücksichtigt blieben in dieser Untersuchung die inhaftierten Ausländer, die sich vorwiegend aus dem skandinavischen Raum rekrutieren.

Zu denken gibt die hohe Zahl der straffällig gewordenen DDR-Flüchtlinge. 12 von ihnen waren schon in der Heimat mit den Gesetzen in Konflikt geraten. Die übrigen 6 konnten sich an die freiheitlich-demokratischen Spielregeln nicht mehr gewöhnen und wurden kriminell. Im straff reglementierten Vollzug sind die meisten aus der SBZ stammenden Häftlinge unauffällig geblieben.

3. Der Beruf des Vaters oder einer erziehungsberechtigten Person

Statistische Übersicht:

a) Zur Gruppe der selbständig Gewerbetreibenden:

Kaufleute	3	
Vertreter	1	
Bäcker	1	
Schuhmacher	1	
Kunstmaler	1	= 7 Personen

b) Zur Gruppe der angestellten Handwerker:

Maschinenschlosser	6	
Maschinenbauer	3	
Elektromonteure	5	
Former	2	
Drechsler	1	
Dreher	1	
Buchdrucker	1	
Kfz.-Mechaniker	2	
Friseure	2	
Tischler	2	
Maurer	3	
Maler	2	= 30 Personen

c) Zur Gruppe der Beamten (Bund und Länder):

Berufssoldaten	5	
Lokführer	3	
Polizisten	2	
Postschaffner	3	
Schrankenwärter	2	
Reichsbahninspektor (Ost)	1	
Vollzugsbeamter	1	
Feuerwehrmann	1	= 18 Personen

d) Zur Gruppe der angelernten Arbeiter:

Seeleute	5	
Hafenarbeiter	5	
Kraftfahrer	5	
Portiers	2	= 17 Personen

e) Zur Gruppe der ungelernten Arbeiter:

Gelegenheitsarbeiter	34	= 34 Personen

f) Zur Gruppe kaufmännischer Berufe:

Buchhalter	1	
Kaufm. Angestellter	1	= 2 Personen

4. Der Beruf der Mutter oder einer erziehungsberechtigten Person

Statistisch gesehen entfielen auf

Hausfrauen	60	
Fabrikarbeiterinnen	11	
Raumpflegerinnen	11	
Versicherungsangest.	4	
Näherinnen	4	
Kindergärtnerinnen	3	
Säuglingsschwestern	2	
Bardamen	2	
Köchinnen	2	
Verkäuferinnen	2	
Telefonistinnen	2	
Laborantinnen	2	
Vertreterin/Textil	1	
Techn. Zeichnerin	1	
Künstlerin	1	= 108 Personen

Wenn man die Tätigkeiten der Eltern bzw. erziehungsberechtigten Personen zur Bestreitung ihrer Lebensunterhalte auf Merkmale untersucht, die Hinweise für eine besondere kriminelle Gefährdung geben könnten, stellt man zunächst fest, daß in diesem Sample akademische sowie forst- und landwirtschaftliche Berufe völlig fehlen. Kriminelle Entgleistungen von Kindern akademisch gebildeter Eltern kommen zwar, relativ selten, vor; mir bekannt gewordene Fälle konnten meistens aber noch vor der Anklageerhebung wegen Geringfügigkeit eingestellt werden. Daß Kinder, die von ihren Müttern betreut werden, ebenso kriminell gefährdet sind wie Jugendliche, deren Mütter einer Ganz- oder Halbtagsbeschäftigung nachgehen, kann als erwiesen gelten. Relativiert gesehen, scheinen Kinder von Gelegenheitsarbeitern, ferner von Berufen mit langer Abwesenheit des Ernährers von zu Hause (Seeleuten, Kraftfahrern, Lokführern etc.) bzw. Trägern eines noch autoritären Amtes (Berufssoldaten, Polizisten, Vollzugsbeamten etc.) eher kriminell gefährdet zu sein, als aller übrigen Berufe. Ebenso bemerkenswert ist die Tatsache, daß viele im Beruf sehr erfolgreiche Kindergärtnerinnen und Säuglingsschwestern als Mutter versagen, weil sie sich erzieherisch von den im Säuglings- und Kleinkindalter für angebracht befundenen Methoden nicht mehr lösen können. Ungünstig kann sich auf schulpflichtige Kinder ebenfalls eine großelterliche Erziehung auswirken, wenn sich die Kinder mit den Gepflogenheiten eines Ruheständlers identifizieren: Der Großvater braucht nichts zu tun und bekommt dennoch pünktlich sein Geld. Die Folge: Schularbeiten werden vernachlässigt, die Schule geschwänzt, Symptome einer zunächst leichten Frühverwahrlosung zeichnen sich ab. Frühkriminelles Fehlverhalten bahnt sich an. Kindern aus gestörten, unvollständigen Familien gelingt die soziale Anpassung unverhältnismäßig schwerer als aus intakten[4]. Unverschuldet muß diese Gruppe

---

[4] Siehe *Walter Lehmann*, Einige Zahlen über junge Rechtsbrecher. Unsere Jugend. 16. Jahrgang, Nr. 8 und noch nicht veröffentlichte „Pädagogische Kurzberichte und Nachträge für die Überprüfungskommission aus dem Jahre 1966", die hier im Auszug vergleichsweise wiedergegeben werden sollen:

„Der Normalfall, daß Vater und Mutter das Sorgerecht für ihre Kinder haben, war nur bei knapp der Hälfte gegeben. Bei dem einen Drittel hatte die Mutter das Sorgerecht, bei den übrigen Adoptiveltern oder ein Vormund. 15 % waren außerehelicher Abkunft, bei ebenso vielen waren Vater oder (und) Mutter gestorben. 22 % stammten aus geschiedenen Ehen. 13 % waren durch das häusliche Milieu (Vater Trinker, Mutter führt unsoliden Lebenswandel, Eltern oder Geschwister wurden bestraft) belastet. Die Zahl der arbeitenden Mütter stieg von 27 auf 39 %. Ein Drittel waren einzige oder jüngste Söhne, was einen Hinweis auf verwöhnende Fehlerziehung geben kann. Ausdrücklich als verwöhnt-verwahrlost erwähnt waren 23 %. Älteste in der Geschwisterreihe waren 14 %, was die Möglichkeit vorzeitiger Überforderung in Vielkinderehen beinhaltet. In öffentlicher Erziehung hatten sich 72 % befunden. Ein Viertel war aus Elternhaus und Heimen häufig entlaufen. Am Kriegsschicksal durch Ausbombung, Evakuierung, Vertreibung und Unterbringung in Wohnlagern hatten noch mehr als ein Zehntel zu tragen.

Arroganz, Eitelkeit, überhöhtes Anspruchsniveau und Geltungsstreben wurden bei 16 % festgestellt. Neurotische Symptome wie Bettnässen, Daumenlutschen, Einkoten, Nägelbeißen oder Sprachstörungen bei 15 %.

Mehr als die Hälfte hatte die Schule geschwänzt, ein Drittel sich schlecht betragen. 10 % wurden verspätet eingeschult, 14 % wechselten mehrfach die Schulen. 16 % besuchten Hilfsschulen, wobei nicht immer Minderbegabung die Ursache war, häufig auch störendes Betragen. Fast die Hälfte wies keine normale, durchschnittliche Intelligenzleistung auf, was darauf zurückzuführen ist, daß mehr als die Hälfte (56 %) als antriebsarm, faul oder willensschwach bezeichnet wurden. Fleiß wurde nur bei einem Fünftel lobend erwähnt. Überdurchschnittliche Intelligenz wurde bei 15 % gemessen. Fast ein Drittel war gleichgültig, oberflächlich oder stumpf. Mehr als ein Fünftel altklug, schwatzhaft oder vorlaut. Die Zahl der Ungeschickten war größer als die der manuell Geschickten.

Kaum die Hälfte wurde aus der normalen Abgangsklasse entlassen. 41 % waren schon vor Erreichen des Strafmündigkeitsalters mit Straftaten in Erscheinung getreten.

Wie in der Schule scheiterte auch im Lehrberuf die Hälfte aller Probanden. Nur 8 % hatten die Lehre abgeschlossen und die Prüfung bestanden. Bevorzugte Berufe waren: Beifahrer, Bote, Kraftfahrer, Hoch- und Tiefbau, Gaststätten-, Genuß- und Nahrungsmittelgewerbe, erst danach das Metallgewerbe und die Binnenschiff- und Seefahrt. Ein Drittel wechselte häufig seinen Arbeitsplatz.

immer noch gegen antiquierte Tabus ankämpfen, die nicht nur auf dem Gebiet der Sozialethik, sondern auch durch den Gesetzgeber längst hätten revidiert werden müssen.

5. Nach dem Kindschaftsverhältnis waren:

Ehelich	40	
Unehelich	18	
Scheidungskinder	18	
Vaterwaisen	25	
Vollwaisen	4	
Mutterwaisen	3	= 108 Personen

Eine nähere Betrachtung des innerfamiliären seelischen Klimas, der sozialen Beziehungen zwischen den einzelnen Familienmitgliedern läßt ausnahmslos Spannungen erkennen, die — mit den Augen der Jugendlichen gesehen — den Erziehungsberechtigten retrospektiv ein sehr schlechtes Zeugnis ausstellen. Wenn man überlegt, daß die meisten noch dazu einer Amtsperson (Psychologen) gegenüber, eine Anklage wegen Erziehungsunfähigkeit ihrer Eltern erheben[5], müssen m. E. die Kommunen, um dem abzuhelfen, in noch stärkerem Maße als bisher interessiert sein, *Familienseminare* einzurichten, die gerade diese Kreise ansprechen und beraten.

---

40 % aller Probanden sprachen unmäßig alkoholischen Getränken zu. 17 % führten ein parasitäres Leben. 14 % ließen sich als Strichjungen aushalten, die übrigen von Eltern oder Verwandten. Frühe sexuelle Verwahrlosung ließ sich bei 34 % feststellen.

[5] *W. Bärsch*, Die Not der Grundschule, Hamburger Lehrerzeitung, Nr. 5, 9. März 1968 (Sondernummer), S. 152 ff. (gekürzte Wiedergabe).

„1967 wurden von der Dienststelle Schülerhilfe der Schulbehörde Hamburg bereits in den Anfängerklassen bis zu 33 % schwierige Kinder beobachtet. *W. Bärsch* bezeichnet dieses Phänomen als ein vielschichtiges Problem, dem man mit dem Begriff der ‚Schulunreife' kaum noch gerecht wird. Folgende Formen des schulischen Fehlverhaltens werden herausgestellt:

1. Schwierige Kinder verfügen nicht über die grundlegenden Leistungstugenden, die von ihnen erwartet werden und Voraussetzung für eine erfolgreiche Teilnahme an den schulischen Lernprozessen sind;

2. schwierige Kinder beherrschen nicht die grundlegenden Sozialtugenden, die Voraussetzung für ein Miteinanderleben und-arbeiten in der Klasse sind.

Weiter werden zur Erklärung der mangelnden Schulreife Theorien angeführt, wie:

1. Zunehmende irreversible Schäden im Organbereich, hirnorganische Schäden und Störungen im endokrinen System.

2. Als Folge wirtschaftlichen, ideologischen und technischen Wandels in unserer Gesellschaft wird der fortschreitende Abbau der väterlichen Autorität und die Verunsicherung der Mutter-Kind-Beziehungen hervorgehoben.

3. Die soziokulturelle Gesamtsituation verbreitet Unsicherheit in der Erziehung. Es werden

Das seelische Barometer zeigte, gesondert aufgeschlüsselt[6], die Beziehungen der Probanden zu Eltern und Geschwistern wie folgt an:

Bei den ehelich geborenen, in einer intakten Familie, hatten

zum		zur	
1. Vater ++	1	1. Mutter ++	9
2. Vater +	2	2. Mutter +	3
3. Vater +−	6	3. Mutter +−	3
4. Vater □	4	4. Mutter □	4
5. Vater −−	27 = 40	5. Mutter —	3
		6. Mutter −−	8 = 40

zu den

1. Geschwistern ++	4
2. Geschwistern +	5
3. Geschwistern +−	6
4. Geschwistern □	11
5. Geschwistern −−	14 = 40

Die empirisch gewonnenen Zahlen[7] sprechen eine eindeutige Sprache. Sie lassen ohne weiteres den Zug der Abwendung der Jugendlichen vom Vater als Vorbild und Autorität erkennen. Die Familie scheint demnach strukturell als Ganzes sich in einer Krise zu befinden, deren Ausgang offen steht.

---

a) notwendige Verhaltensnormen nicht (mehr) anerzogen. Die Kinder werden überansprüchlich (Untererziehung)

b) falsche Verhaltensnormen anerzogen. Fehlorientierte Kinder versuchen ihre zur Lebensbewältigung erlernten und fixierten Techniken Lehrern etc. aufzuzwingen,

c) widersprüchliche Verhaltensformen anerzogen, die in Konkurrenz zueinander stehen und das Kind verunsichern. (Die Kybernetik spricht in solchen Fällen von einer widersprüchlichen Programmierung.) Zum Beispiel die Oma erzieht tagsüber und die Eltern abends,

d) Spontaneität und Produktivität durch die anerzogenen Verhaltensformen gedrosselt (Übererziehung). Zu dieser Kategorie gehören die übermäßig braven, ängstlichen und neurotisch gehemmten Kinder, die in ihrer psychischen Dynamik so schwer frustiert sind, daß sie ihre schöpferische Produktivität noch vor dem Eintritt ins eigentliche Leben einbüßen."

[6] Erläuterung:

Sehr gutes Verhältnis	++
gutes Verhältnis	+
ausreichendes Verhältnis	+−
indifferentes Verhältnis	□
schlechtes Verhältnis	−
sehr schlechtes Verhältnis	−−

[7] Methodisch bediente sich der Verfasser hierbei des von *Luitgard Gräser* entwickelten Testverfahrens „Familie in Tieren". Der an Schulkindern erprobte Test läßt sich mit gutem Erfolg auch bei minderjährigen Kriminellen anwenden und bietet wertvolle Anhaltspunkte für gezielte therapeutische Gespräche.

Von den unehelich geborenen Probanden weisen 8 nach der Heirat der Mutter folgende Beziehungen auf:

Zum Stiefvater	und zur Mutter
1. ++ = 1	++ = 2
2. + = 1	+ = 2
3. +− = 1	+− = 2
4. □ = 1	□ = 1
5. −− = 4	−− = 1

Von 7 von den Großeltern und 3 von Adoptiveltern erzogenen Probanden behaupten alle ein ausreichendes bis sehr gutes Verhältnis zu ihren Erziehern zu haben. Bis auf 4 Probanden scheinen die übrigen mit den Geschwistern in einem relativ guten Einverständnis gelebt zu haben.

Weitaus erschreckendere Ausmaße scheint der familiäre Kleinkrieg in den Familien anzunehmen, wo die geschiedenen Mütter sich wiederverheiratet haben.

Von 14 Probanden hatten folgendes Verhältnis:

Zum Stiefvater	zur Mutter
1. ++ = 0	++ = 4
2. + = 0	+ = 2
3. +− = 2	+− = 1
4. □ = 2	□ = 3
5. − = 2	− = 2
6. −− = 8	−− = 2

Von den übrigen 4 Scheidungskindern hatten 2 eine emotional indifferente Erziehung bei den Großeltern genossen.

2 Probanden waren von den nicht wiederverheirateten Müttern so verwöhnt worden, daß ihre Ansprüchlichkeit letztlich zur Kriminalität führte.

8 Mütter (Kriegerwitwen) von den 25 Vaterwaisen hatten wiedergeheiratet, 2 lebten in „Onkelehe", 13 Mütter erzogen ihre Kinder selbst. Nur 4 überließen die Erziehung ihres Sohnes den Großeltern. Zum Stiefvater bzw. „Onkel" hatten 10 Vaterwaisen ein sehr schlechtes Verhältnis. Nur 2 fühlten sich indifferent behandelt. Dagegen meinten 7 von den 13 nur von der Mutter erzogenen Probanden zur Mutter eine ausreichende Bindung gehabt zu haben, 2 sogar eine sehr gute, und nur 4 sprachen von einem schlechten Verhältnis. Die großelterliche Erziehung wurde von 2 Probanden als gut und von 2 anderen als sehr schlecht bezeichnet.

Von den 4 Vollwaisen fühlten sich 2 von ihren Pflegeeltern emotional indifferent und 2 weitere als sehr schlecht behandelt.

Die 3 Mutterwaisen hatten in 2 Fällen nicht nur zur Stiefmutter ein sehr schlechtes Verhältnis, sondern auch zu den Geschwistern.

Nicht uninteressant und einer Betrachtung wert erscheint in diesem Zusammenhang auch die Stellung, die ein ehelich geborenes Kind in der Geschwisterreihe innehatte.

Von den 40 ehelich geborenen Jugendlichen waren 3 Einzelkinder, 9 Erstgeborene von 2 Kindern, 4 Zweitgeborene, 4 das mittlere von 3 Kindern und 20mal eines vom 3. bis zum 7. Kind.

Irgendeine besondere kriminelle Gefährdung aus der Konstellation in der Geschwisterreihe läßt sich zwar aus diesem Sample nicht ableiten. Dennoch könnte man die Erstgeborenen von 2 Kindern cum grano salis als kriminell am ehesten gefährdet ansehen.

6. Schule und Berufsausbildung

In unserer Zeit honoriert die Gesellschaft nur Menschen, die eine gute Schul-[8] und Berufsausbildung vorzuweisen haben. In Zukunft wird man, um in einer vollautomatischen Industrie wettbewerbsfähig bleiben zu können, weit mehr als bisher sich eine profunde Allgemeinbildung aneignen müssen, um in der Fertigung mit der fortschreitenden Spezialisierung Schritt halten zu können. Dieser Vorgang wird insbesondere Straffälliggewordene, die durch Minderbegabung stigmatisiert sind[9], bei der Suche nach einem geeigneten Arbeitsplatz hart treffen. Erstens weil sie, aus welchen Gründen auch immer, in ihrer sozialen Anpassungsfähigkeit gestört sind und zweitens, weil die intellektuelle Beschaffenheit der meisten Insassen oft viel zu wünschen übrig läßt. Statistisch kann es folgendermaßen belegt werden:

A.	Von der 9. Klasse der Volksschule (Davon besuchten 5 ein 10. Schuljahr)	29 Abgänge	
	Von der 8. Klasse der Volksschule	29 Abgänge	
	Von der 7. Klasse der Volksschule	18 Abgänge	
	Von der 6. Klasse der Volksschule	4 Abgänge	= 80
B.	Von der 9. Klasse der Hilfsschule	6 Abgänge	
	Von der 8. Klasse der Hilfsschule	10 Abgänge	
	Von der 7. Klasse der Hilfsschule	4 Abgänge	
	Von der 5. Klasse der Hilfsschule	1 Abgang	
	Analphabeten	4 Abgänge	= 25
C.	Von der 8. Klasse einer Mittelschule	2 Abgänge	
D.	Von der Oberschule (Abitur Ost)	1 Abgang	= 108

---

[8] *Werner Schirm*, Straffällige Schüler aus der Sicht der Schülerhilfe, 1968, S. 107:

„... in Hamburg. Man bedenke, daß 2/3 der Gymnasiasten, 40 % der Realschüler und 35 % der Volksschüler den Abschluß nicht erreichen. Diese Zahlen sind Mittelwerte der Jahre 1959—1964."

[9] *H. Wegener*, Die Rehabilitation der Schwachbegabten, 1963, S. 78 ff.

... Bei der Berufsberatung der Schwachbegabten ist der Grundsatz zu beachten, daß eine abgebrochene Berufsausbildung bedenklicher ist als gar keine. (81)

Wenn man diesen Personenkreis auf seine Begabungsausstattung analysiert, erkennt man sofort, daß $^{2}/_{3}$ dieses Samples durch eine Lehre überfordert würden. Der ungünstige Verlauf der Lehre — wiederholtes Wechseln und Abbrechen — ist dann als Folge einer natürlichen Fehleinschätzung menschlicher Begabungspotenzen zu verstehen. Statistischer Überblick:

Nur 7 von 108 Insassen konnten einen Lehrabschluß nachweisen: 3 Möbeltischler, je 1 Industrieschmied, Maler, Schlosser und Kfz.-Mechaniker.

Weitere 62 Strafgefangene hatten zwar eine Berufsausbildung begonnen, brachen sie aber nach kürzerer oder längerer Zeit ab oder wechselten wiederholt zusammenhanglos die Berufszweige (Friseur — Betonbauer; Blechschmied — Schlachter), ohne einen Abschluß zu erreichen. Die meisten Versager — insgesamt 20 — kamen aus der metallverarbeitenden Industrie Berufssparte Schlosser, die zweitstärkste Gruppe — 14 Insassen — aus dem Baugewerbe. Unter den übriggebliebenen 28 Probanden, die ebenfalls in handwerklichen oder industriellen Berufen ihre Lehre aufgenommen hatten, kam nur einer aus der Landwirtschaft.

Die ungelernten 39 Arbeiter waren zur Zeit ihrer Festnahme in folgenden Berufen tätig gewesen:

Seeleute	12	Beifahrer	2
Hilfsarbeiter (Hafen)	9	Boten	2
Hilfsarbeiter (Bau)	6	Müllabfuhr	1
Schüler (Volks-)	3	Fensterputzer	1
Aushilfsportier	2	Leichenwäscher	1

Welche Konsequenzen müßten die Jugendstrafanstalten im Hinblick auf eine berufliche Förderung aus dieser unerquicklichen Konstellation ziehen? Angesichts der Tatsache, daß da, „wo nichts zu holen ist, auch der Kaiser sein Recht verloren hat“, müßte man im Grunde eine Umstrukturierung der beruflichen Förderung vom althergebrachten Lehrstättenbetrieb weg zu Kurzlehrgängen[10] anstreben, in denen industriell/handwerkliche Grundtechniken in der Eisen, Holz und Kunststoffe bearbeitenden Industrie eingeübt werden. Gleichzeitig müßte man, in Anbetracht der relativ kurzen Strafdauer[11], die Lehrgänge so gestalten, daß 3, 6 oder 9 (höchstens 12) Monate generell ausreichen. Dieser Plan, wenn man ihn verwirklichen könnte, würde vielen, nicht wie bisher nur einigen wenigen Strafgefangenen, eine tatsächliche Lebenshilfe bedeuten.

[10] *H. Wegener:* ... Schwachbegabte gelangen oft relativ gut angepaßt und gereift in Anlernberufe, wenn sie vorher ungelernte Überbrückungstätigkeiten ausgeführt haben und erst mit 18 Jahren das Anlernverhältnis eingehen. (S. 86)

[11] Siehe unter: Gerichtliche Maßnahmen und Höhe des Strafmaßes.

7. Die Art der Kriminalität

Allgemein umfaßt die mit dem Beginn des technischen Zeitalters postulierte These von der Armutskriminalität heute das Problem des Verbrechens nicht mehr. Die Kriminalstatistiken des Bundeskriminalamtes weisen nach, daß die Vermögensdelinquenz in unserer Wohlstandsgesellschaft in den letzten 10 Jahren rapider angestiegen ist als die Bevölkerungszuwachsrate. Das bedeutet, daß das Rechtsbewußtsein (Gleichgültigkeit eigenem und fremdem Eigentum gegenüber) gleichzeitig mit der sich wandelnden Verbraucherhaltung (Werbung)[12] sich verändert hat[13]. Diese auf allen Gebieten menschlichen Zusammenlebens vorgeahmten Normen der Erwachsenen (schöner wohnen, besser leben, weniger arbeiten) finden unter den Minderjährigen nicht nur Anklang, sondern auch bereitwillige Kopierer.

Statistische Angaben:
Verurteilt wurden wegen

einfachen und schweren Diebstahls und Hehlerei	32
mißbräuchlicher Kfz.-Benutzung, Kfz.-Diebstahls, Fahrens ohne Führerschein	24
schweren Raubes, Autofallen- und Straßenraubes	13
Betruges, Unterschlagung, Urkundenfälschung/ Diebstahls, Zechprellerei	13
Unzucht mit Männern (Strichjungen)	8
schwerer Körperverletzung	6
Entwendung von Nahrungs- und Genußmitteln/ Automaten und Ladendiebstählen	4
Notzucht und Unzucht mit Kindern	2
Stadtstreicherei/Diebstahls	2
Trunkenheit am Steuer/Unfallflucht	2
Zuhälterei	2

8. Fürsorgerische und erzieherische Maßnahmen

Wenn Eltern[14], Schulen und Jugendbehörden ihre erzieherischen bzw. fürsorgerischen Maßnahmen als gescheitert anzusehen gezwungen sind, rufen sie nach dem Richter. Der Jugendrichter[15] soll durch einen Urteilsspruch, einem Magier gleich, das reparieren, was sich in 14, 17 oder 21 Jahren an Fehlverhalten ansammelte und andere mehr oder

[12] Beispiel eines konsumbewußten Verhaltens. Fünfjähriger im Warenhaus zur Mutter: „Wenn du mir dieses Fahrrad nicht kaufst, trete ich dir ins Schienbein!"

[13] Siehe: Wiederholte Klagen der Polizei in der Tagespresse über mangelnde Vorsicht zum Schutze des persönlichen Eigentums.

[14] *Hans Heinrich Muchow,* Sexualreife und Sozialstruktur der Jugend, Oktober 1959, S. 71 ff.

[15] *Joachim Hellmer,* Jugendkriminalität in unserer Zeit, April 1966, S. 117 ff.

weniger geschickt zu korrigieren versuchten und nicht zustande brachten. Die Erziehungskartei (später Strafregister) wird dem Jugendrichter Auskunft geben über den Grad des kriminellen Abgleitens und die angewandten Maßnahmen.

Im untersuchten Sample lagen bereits vor:

Schutzaufsicht	bei 16 Jugendlichen
Arbeitsauflagen	bei 17 Jugendlichen
Fürsorgeerziehung	bei 48 Jugendlichen
Jugendarrest:	
2 Wochen	bei 15 Jugendlichen
3 Wochen	bei 7 Jugendlichen
4 Wochen	bei 14 Jugendlichen
Verwarnungen/Ermahnungen	bei 3 Jugendlichen
Geldbußen	bei 2 Jugendlichen

Von den 48 Heimzöglingen waren 27 mehr als einmal ausgerissen. Einer hatte es auf 20 Entweichungen aus den verschiedenen Heimen gebracht. Viele der Zöglinge behaupten von älteren und erfahreneren Kameraden während ihrer Heimzeit nicht nur neue kriminelle Techniken erlernt zu haben, sondern man hätte sie im Heim auch zur Onanie[16], zu homosexuellen Praktiken und anderen sozial verpönten Verhaltensweisen nicht nur ermuntert, sondern direkt aufgefordert.

Weiterhin scheint der verbüßte Jugendarrest, verächtlich „Kindergarten" genannt, unter Gleichgesinnten doch als eine Art Feuerprobe, als Beweis, daß man ein „ganzer Mann" sei, zu gelten. Im Gegensatz zur Jugendstrafanstalt, der sogar jugendliche Gefangene eine Berechtigung zuerkennen, finden nicht wenige den Aufenthalt im Jugendarrest als eine „unnütz vergammelte" Zeit. „Man hätte uns gleich ins Gefängnis schicken sollen", so heißt es oft.

9. Die gerichtlichen Maßnahmen und die Höhe des Strafmaßes

Von den 108 Probanden des untersuchten Samples standen 89 zum ersten Male vor dem Strafrichter. 19 waren bereits einschlägig vorbestraft. Nur 8 Rechtsbrecher wurden zu einer Strafe von unbestimmter Dauer (§ 19 JGG) verurteilt. Insgesamt wurden alle Täter zu 157;1 Jahren Freiheitsentzug verurteilt, was einer Durchschnittsdauer von 1 Jahr und 4 Monaten entspricht. Wenn die Vollzugspraktiker ihren Resozialisierungsplan auf diese relativ kurze Strafdauer zuschneiden, so wissen sie, daß auch dieser als optimal angenommene Plan nur hypothetischen Wert besitzt, weil ein Großteil der Verurteilten, wegen des besonderen Status im UG und der damit ver-

[16] *Harald Köhne,* Masturbation unter Freiheitsentzug als pädagogisches Problem. Zeitschrift für Strafvollzug, Heft 4. August 1968, S. 20 ff.

bundenen Annehmlichkeiten, Berufung einlegt und sich dadurch der direkten Einflußnahme durch die Vollzugsanstalt entzieht, und andererseits soll aus fürsorgerisch-erzieherischen Erwägungen eine vorzeitige Entlassung noch mit einkalkuliert werden. Das bedeutet in praxi, daß die nur geringfügig Erstbestraften überhaupt nicht in den Genuß einer beruflichen Förderung kommen können, zunächst aus Zeitmangel, dann aber auch noch wegen eines psychologisch unhaltbar gewordenen Zeremoniells im Anfangsvollzug, indem man dem jugendlichen Rechtsbrecher auferlegt: innere Einkehr zu halten, sich zu besinnen, sich zu läutern. In unserer hedonistischen, nur vom Konsum bestimmten, außengelenkten Gesellschaft[17] wirkt diese Maßnahme, insbesondere wenn man die geistige Beschaffenheit des Gefangenen kennt, eher strafverschärfend. Ebenso müßte man das Erziehungsstufensystem des Vollzuges unter die Lupe nehmen und neu gestalten. Denn nach der heutigen Praxis kommen in den Genuß von Vergünstigungen und Hafterleichterungen (Schreib- und Besuchserlaubnis, Teilnahme an Freizeitveranstaltungen, Urlaubsgewährung etc.) nur zu langjährigem Freiheitsentzug Verurteilte, das heißt Strafgefangene mit einer erheblichen kriminellen Vergangenheit und auch Zukunft.

Oft glauben jugendliche Gefangene, nachdem sie ihr Urteil aufmerksam gelesen haben, die abstempelnde Bewertung aus der Urteilsbegründung (schädliche Neigungen etc.) wortwörtlich für ihr Verhalten nicht nur im Vollzuge, sondern auch später in der Freiheit übernehmen zu müssen. Sie glauben jetzt in der Strafanstalt erst recht die Rolle eines Ausgestoßenen, eines von der Gesellschaft Geächteten spielen zu müssen. Ihr Verhalten ähnelt oft dem eines Negerkindes in Amerika, das in einem Kindergarten ablehnt, mit schwarzhäutigen Puppen zu spielen, weil es sich mit den negativen Eigenschaften identifiziert, die die Weißen Amerikas der Negerbevölkerung zuschreiben. Das Hervorheben und Unterstreichen negativer Merkmale im Urteil dient nicht der Resozialisierung[18], sondern fixiert die kriminelle Entwicklung und ist gleichzeitig eine soziale und moralische Herabwürdigung, die auch den letzten Rest eines Selbstwertgefühles töten kann.

10. Vermutliches Verhalten im Strafvollzug

Der Versuch, das Verhalten des Gefangenen im Vollzuge einwandfrei zu diagnostizieren, birgt noch viele Unsicherheiten in sich und zeigt kaum eine Signifikanz zu dem Verhalten in der Freiheit.

[17] *D. Riesman*, Die einsame Masse, 1960, Rowohlt Hamburg, S. 137 ff.

[18] Resozialisierung (ein sozialpsychologischer Begriff) bedeutet Wiedereinführung in die soziale Umwelt von sozial nicht angepaßten Individuen, z. B. Trinkern, Geisteskranken, Verbrechern etc. Vielfältige Maßnahmen und Hilfen sind Voraussetzung für ein Gelingen. In der Sozialpolitik nimmt die Resozialisierung immer noch einen untergeordneten Platz ein.

Dennoch lohnt es sich, auf dominante Wesensmerkmale zu achten, wenn man sich um eine adäquate Behandlung und Führung des Gefangenen Sorge macht.

Als dominant ließen sich folgende Charakterzüge eruieren:

retardiert/infantiles	Verhalten bei 9 Strafgefangenen
undiszipliniertes, eruptiv aggressives	Verhalten bei 18 Strafgefangenen
labil/triebhaftes	Verhalten bei 12 Strafgefangenen
distanzlos/oberflächliches	Verhalten bei 11 Strafgefangenen
anpäßlerisches	Verhalten bei 9 Strafgefangenen
normal angepaßtes	Verhalten bei 9 Strafgefangenen
sexuell verwahrlostes	Verhalten bei 8 Strafgefangenen
puberal trotziges	Verhalten bei 6 Strafgefangenen
passiv antriebsarmes	Verhalten bei 6 Strafgefangenen
kontaktgestörtes	Verhalten bei 5 Strafgefangenen
gewalttätiges	Verhalten bei 3 Strafgefangenen
fluchtlabiles	Verhalten bei 2 Strafgefangenen
	N = 108

Anzumerken wäre noch, daß z. B. in der von mir beobachteten Zeit 3 Ausbruchsunternehmen Erfolg hatten. Nur einer von den von mir als fluchtlabil Bezeichneten hatte sich an einer Aktion beteiligt. Die beiden anderen waren: 1 Kontaktgestörter und 1 Gewalttätiger.

11. Zur Rückfall-Prognose

Diese sozialpsychologische Untersuchung würde den gesteckten Rahmen weit überschreiten, wenn man zum Problem und heutigen Stand der Prognoseforschung Stellung nehmen wollte[19]. Es soll nur kurz auf die Arbeiten von Autoren wie *Exner, Stutte, Glueck* und *Glueck, Frey* und neuerdings *Abels* verwiesen werden, die ebenfalls einen Niederschlag in den von der Kriminalpsychologischen Abteilung der Gefängnisbehörde Hamburg erstellten „Kriterien für Rückfallprognosen bei jugendlichen und heranwachsenden Tätern" gefunden haben. Anhand der o. g. Kriterien, die sich zahlenmäßig objektivieren lassen, konnte vom untersuchten Sample folgende Prognosetafel erstellt werden:

günstig	bei 5 Häftlingen
eher günstig	bei 15 Häftlingen
fraglich	bei 23 Häftlingen
sehr fraglich	bei 22 Häftlingen
ungünstig	bei 43 Häftlingen
	N = 108

Wenn man die Hälfte von den „fraglichen" und zwei Drittel von den „sehr fraglichen" Probanden noch zu den vermutlich einen

[19] *Wolf Middendorf*, Bemerkungen zur sozialen Prognose insbesondere in bezug auf Jugendliche, 1962, Soziologie der Jugendkriminalität, Sonderheft 2, S. 65 ff.

ungünstigen Verlauf nehmenden Rechtsbrechern (Rückfalltätern) hinzuzählt, kommt man auf die beachtliche Zahl von ca. 69 Inhaftierten mit einer ungünstigen Prognose. Diese Zahl prozentual ausgedrückt liegt zwischen 60 und 70 % und entspricht empirisch in etwa den in den anderen Jugendstrafanstalten des Bundesgebietes ebenfalls beobachteten Zahlen über Rückfalltäter. Allein die Tatsache, daß etwa $^2/_3$ der Insassen der Jugendstrafanstalten wieder rückfällig werden, sollte die Anstalten veranlassen, die bisher gehandhabte Vollzugskonzeption[20] neu zu überlegen und den sich wandelnden normativen Verhältnissen unserer Zeit anzupassen.

III

Die Idee der Resozialisierung, die heute in einer hochtechnisierten Welt anstelle des Strafens schlechthin treten soll, stellt daher unweigerlich die Forderung: alle bisher angewendeten Vollzugsmaßnahmen kritisch auf ihre Tauglichkeit zu untersuchen und innerhalb der noch bestehenden Vollzugsarten von pauschalen, nur an äußerlichen Merkmalen sich orientierenden Methoden sich auf Methoden umzustellen, die die kriminell gewordene Gesamtpersönlichkeit als Individuum in den Mittelpunkt des Vollzugsgeschehens stellt. Gerade der Resozialisierungsgedanke läßt sich meines Erachtens nur dann verwirklichen, wenn es uns gelingt den Gefangenen dazu zu bewegen, sich mit der Idee zu identifizieren und eigenaktiv zu werden. Das Sosein des Gefangenen setzt bei allen Vollzugsbediensteten eine subtile Kenntnis der sozialpsychologischen Mechanismen, Zustände und Prozesse voraus, die eine kriminogene Bedeutung haben können. Der hohe Prozentsatz der Rückfälligen scheint ebenfalls größtenteils auf diese Unkenntnis zurückzuführen zu sein. Erst wenn der Vollzugspraktiker sich mit dem Werdegang des Kriminellen vertraut gemacht hat und seine hic et nunc Situation als eine Summe von sich wiederholenden Mißerfolg-Fehlverhaltens-, Mißerfolg-Fehlverhaltensaktionen[21] richtig interpretiert hat, sollte er in diesen Teufelskreis nicht nur eingreifen und ihn unterbrechen, sondern auch gleichzeitig neue, sozial erwünschte Akzente setzen. Erhebt man diese o. g. Erkenntnisse zur Arbeitsbasis, stellen sich Erfolge ein und ermutigen einen diesen Weg weiter zu beschreiten[22].

---

[20] *Theodor Hofmann*, Jugend im Gefängnis, 1967, S. 192 ff.

[21] *Werner Schirm*, Straffällige Schüler aus der Sicht der Schülerhilfe. 1968, S. 94 ff. — „... Ständige Versagenssituationen und Mißerfolge, dazu, wenn sie ohne Schuld hingenommen werden müssen, können geradezu zur Kampfansage gegen die Gemeinschaft und zur Negation von Ordnungen und Pflichten führen ...“

[22] Siehe auch: *E. Zilius*, Fragmente aus der Arbeit eines Anstaltspsychologen. Zeitschrift für Strafvollzug, Jg. 14, Heft 6, S. 342 ff.

Will man modernen Strafvollzug betreiben, so sollte man aus der „Scheinwelt eines Dornröschenschlafes“[23] des bisherigen Vollzuges erwachen und arbeits- und freizeittechnisch so weit sich der Wirklichkeit anpassen, daß der Übergang in ein normales Erwerbsleben von Gefangenen nicht mehr als ein Bruch meist lieb gewordener Gewohnheiten in der Strafanstalt betrachtet werden muß, sondern daß der Gefangene ein verinnerlichtes Verlangen bekommt, sich draußen allen Widerwärtigkeiten des Lebens zu stellen und sich zu bewähren. Der Vollzugsbedienstete, der seine Aufgabe ernst nimmt, sieht sich während seiner Tätigkeit mit zwei Problemen konfrontiert:

1. Reicht das von ihm mitgebrachte psycho-physische Rüstzeug, um mit sozial schwierigen, kriminell gewordenen Mitbürgern zusammenarbeiten und sie positiv beeinflussen zu können, aus?
2. Weiß er tatsächlich, mit welchen Menschen er es hinsichtlich sozialer Herkunft, charakterlicher Wesensausrichtung, des Alters bzw. der Reife und des kulturellen Niveaugefälles zu tun haben wird?

Während man, zumindest in Hamburg, das erstgenannte Problem durch testpsychologische Vorauslese der Bewerber und eine anschließende intensive Beschulung als zufriedenstellend gelöst betrachten kann[24] steckt die unter 2. herausgestellte Forderung mangels entsprechender ortsbezogener wissenschaftlicher Untersuchungen noch in den Kinderschuhen.

Auch der in der Öffentlichkeit in den Massenmedien ausgetragene Meinungsstreit in bezug auf die Vollzugsgestaltung und Unterbringung der jugendlichen Straftäter in feste, halboffene oder gar offene Anstalten ist begrüßenswert, zeigt aber oftmals aus Unkenntnis der straffällig gewordenen Persönlichkeit eine erschreckende Naivität, die überwiegend emotional eingefärbt zwischen gefühlvoller Wirklichkeitsfremdheit und kalter Menschenverachtung pendelt. Man kann heute den Gefangenen nicht gleichzeitig diffamieren und resozialisieren wollen. Auch sollte der Staat als Arbeitgeber, wenn er es ernst mit der Resozialisierung meint, nicht nur der Privatwirtschaft aufbürden, entlassene Gefangene geeignet unterzubringen, sondern dieses Risiko ebenfalls eingehen. Wertneutrale Anträge und Fragebögen der Behörden könnten Fragen tunlichst vermeiden, die Vorbestrafte grundlos mit dem Strafmakel konfrontieren, wie zum Beispiel beim Erwerb eines Anglerscheines. Der Katalog solcher Widersinnigkeiten, von einer wenig humanen Bürokratie erdacht, bedarf ebenfalls wie das Strafrecht und das Strafvollzugsrecht einer grundlegenden Revision.

[23] *G. Nass*, Der Staat und seine Verbrecher, 1968, S. 62 ff.

[24] Staatliche Pressestelle. Berichte und Dokumente aus der Freien und Hansestadt Hamburg Nr. 126. Vom 2. 5. 1968.

Wenn man den Gedanken *Hermanns* „Der Gefangene von heute ist der Staatsbürger von morgen" als Vollzugspraktiker reflektiert[25], wird man das ungute Gefühl nicht los, daß diese Idee auch in Zukunft eine Utopie[26] bleiben wird, wenn es uns nicht gelingt, alle Neuerungen auf dem Gebiet der Rechtspflege ideell zum festen Bestandteil unserer Gesellschaft zu machen. Die Aufgeschlossenheit und Bereitwilligkeit der Legislative und Exekutive, diesen kriminalpolitisch höchst wichtigen Komplex zu behandeln und gesetzlich neu zu gestalten, bliebe anderenfalls resonanzlos im Raum stehen.

---

[25] *Heinz-Dietrich Stark,* Wie kann der Strafvollzug aus psychologischer Sicht seiner Aufgabe gerecht werden, 1968, S. 5 ff.

[26] Utopie (griechisch) Nirgendland. In der Umgangssprache eine nicht zu verwirklichende Idee.

Literatur

1. Bürgerschaft der Freien und Hansestadt Hamburg, Drucksache Nr. 432 vom 20. 1. 67. Bericht des Parlamentarischen Untersuchungsausschusses über das Vollzugswesen.
2. *Endrius Zilius,* Fragmente aus der Arbeit eines Anstaltspsychologen. Zeitschrift für Strafvollzug, 1965, Jg. 14, Heft 6.
3. *Gustav Nass,* Der Staat und seine Verbrecher, 1968, Limes Verlag Wiesbaden.
4. Staatliche Pressestelle. Berichte und Dokumente der Freien und Hansestadt Hamburg. Nr. 126 vom 2. 5. 1968.
5. *Sheldon* und *Eleanor Glueck,* Jugendliche Rechtsbrecher, 1963, Friedrich Enke Verlag Stuttgart.
6. *Walter Lehmann,* Einige Zahlen über junge Rechtsbrecher, Unsere Jugend, 16. Jahrgang, Nr. 8.
7. *Walter Bärsch,* Die Not der Grundschule, Hamburger Lehrerzeitung (Sondernummer) Nr. 5 vom 9. 3. 1968.
8. *Hermann Wegener,* Die Rehabilitation der Schwachbegabten, 1963, Ernst Reinhardt Verlag München/Basel.
9. *Hans Heinrich Muchow,* Sexualreife und Sozialstruktur der Jugend, Oktober 1959, Rowohlt Taschenbuch Verlag GmbH, Hamburg.
10. *Joachim Hellmer,* Jugendkriminalität in unserer Zeit, April 1966, Fischer Bücherei.
11. *Harald Köhne,* Masturbation unter Freiheitsentzug als pädagogisches Problem, Zeitschrift für Strafvollzug, Heft 4, August 1968.
12. *David Riesman,* Die einsame Masse, 1960, Rowohlt Verlag Hamburg.
13. *Wolf Middendorf,* Bemerkungen zur sozialen Prognose, insbesondere in bezug auf Jugendliche, 1962, Soziologie der Jugendkriminalität, Sonderheft 2, Westdeutscher Verlag. Köln und Opladen.
14. *Theodor Hofmann,* Jugend im Gefängnis, 1967, R. Piper und Co. Verlag München.
15. *Heinz-Dietrich Stark,* Wie kann der Strafvollzug aus psychologischer Sicht seiner Aufgabe gerecht werden, Forschungsberichte zur forensischen

Psychologie, Heft 5, Strafvollzug und Jugendkriminalität, 1968, Walter de Gruyter u. Co., Berlin.

16. *Werner Schirm,* Straffällige Schüler aus der Sicht der Schülerhilfe, Forschungsberichte zur forensischen Psychologie, Heft 5, Strafvollzug und Jugendkriminalität, 1968, Walter de Gruyter u. Co., Berlin.
17. *Luitgard Gräser,* Familie in Tieren, Die Familiensituation im Spiegel der Kinderzeichnung, 1957, E. Reinhardt Verlag München/Basel.

Kolibri 360 GmbH
Ferdinand-Jühlke-Straße 7
99095 Erfurt, Deutschland
produktsicherheit@kolibri360.de